# RECUEIL

## DE PLANCHES,

SUR

## LES SCIENCES,

*LES ARTS LIBÉRAUX,*

ET

## LES ARTS MÉCHANIQUES,

*AVEC LEUR EXPLICATION.*

---

# ASTRONOMIE

---

A PARIS,

---

*AVEC APPROBATION ET PRIVILEGE DU ROY.*

*ASTRONOMIE. 26 Planches.*

## PLANCHE Iere.

**L**A *fig. 1.* a rapport aux *anomalies & apfides* des planetes.

2. au *mouvement diurne* apparent du foleil.

3. aux *afpects* des planetes; *trine, quadrat* ou *tétragone*, &c.

4 & 5. à la *déclinaifon* des aftres.

7. au mouvement apparent des *étoiles*.

6. 8. 9. à la ligne *méridienne*.

10. à la *vîteffe circulaire* des planetes.

11. 12. 13. 14. aux *phafes de la lune*.

16. au *mouvement apparent* de la *terre*.

15, 17, 18. au *mouvement de la lune*. La fig. 15. en particulier repréfente le mouvement des nœuds de la lune contre l'ordre des fignes.

Toutes ces figures font tirées de l'Encyclopédie Angloife, ainfi que la plupart de celles des Planches fuivantes.

## PLANCHE II.

*Fig. 19.* a rapport aux *montagnes de la lune*, & à la maniere de les mefurer.

20. repréfente le difque de la lune avec fes taches; elle eft tirée de la *connoiffance des tems*.

21. eft une fphere armillaire de Ptolomée.

22. tirée des *inftitutions aftronomiques*, a rapport à la *libration de la lune*.

23. fert à trouver la pofition d'une comete entre quatre étoiles.

24. a rapport au *mouvement paracentrique*.

25. eft une *comete* avec fa *queue*.

26. a rapport à la *commutation* des aftres, à leur *réduction*, à l'*écliptique*, à leur *latitude*, &c.

## PLANCHE III.

*Fig.* 27, 28, 29, 30, 31. ont rapport à la *parallaxe des aftres*.

31. n°. 2. 31. n°. 3. font tirées des *inftitutions aftronomiques*, & ont rapport à l'*aberration des étoiles*.

32. à la *latitude* & à la *longitude* des aftres.

33. aux *nœuds* des planetes.

34, 35, 36, 37, 38 n°. 1 & 2. aux *éclipfes* de foleil & de lune, & principalement à celles de la lune.

39. au *mouvement apparent du foleil*.

## PLANCHE IV.

*Fig.* 40. a rapport au lieu *géocentrique* des planetes.

41. 41, n°. 2. & 42. ont rapport au *crépufcule*.

43, 44, 45. repréfentent les fyftêmes de *Ptolomée*, de *Copernic* & de *Tycho*.

46. a rapport à l'*azimuth* des aftres.

47. à la *pénombre*. *N°. 1.*

41, n°. 2. & 46. ont été ajoutées à celles de l'Encyclopédie Angloife; & la fig. 46 eft tirée des *inftitutions aftronomiques*.

## PLANCHE V.

*Fig.* 48. a rapport à la *culmination* des aftres.

49. aux phafes de *Venus*.

50. à l'*équation du tems*.

51. à la *proftaphérefe*, ou *équation des planetes* dans l'ancienne Aftronomie.

51, n°. 2. à l'*équation du tems*.

52. aux différens cercles de la fphere, *équateur, horifon, tropiques*, &c.

53 & 54. au *parallélifme* de l'axe de la terre.

55. *au mouvement apparent de la terre*.

56. à la *parallaxe* des aftres.

57. aux *gnomons aftronomiques*.

57, n°. 2. à la *réfraction* des aftres.

48, 49, 51 n°. 2. 53, 54, 56. font tirées des *inftitutions aftronomiques*; les autres de l'Encyclopédie Angloife.

## PLANCHE VI.

*Fig.* 58. repréfente un globe terreftre & un globe célefte.

58, n°. 2. & 59. ont rapport à la *rétrogradation* des aftres.

59, n°. 2. & 60. ont rapport à la conftruction des globes.

60, n°. 2. a rapport au mouvement des *planetes*.

61. eft un quart de cercle qu'on ajufte fur le globe pour mefurer la hauteur des aftres, & pour d'autres objets.

61, n°. 2. a rapport aux *aires* décrites par les *planetes*.

## PLANCHE VII.

*Fig.* 62, n°. 1. a rapport à *la hauteur* des aftres.

62, n°. 2. à la latitude *héliocentrique* des planetes.

63. aux *ftations* des planetes.

64, 65, 66. à l'*anomalie* des planetes.

Le refte de la Planche repréfente les caracteres des differens fignes du Zodiaque, & les autres caracteres ufités en Aftronomie.

62, n°. 2. 63, 65, 66. font tirées des *inftitutions aftronomiques*, les autres de l'Encyclopédie Angloife.

## PLANCHES VIII. & IX.

Ces deux Planches font tirées des *inftitutions aftronomiques*, & repréfentent, la premiere, l'*hémifphere boréal* du ciel; la feconde, l'*hémifphere auftral*, avec les conftellations propres à chacun de ces hémifpheres. On y a ajouté, d'après le même ouvrage, la route de la comete de 1742, & de quelques autres, pour donner une idée du cours de ces aftres dans le ciel.

*Inftrumens Aftronomiques.*

## PLANCHE X.

Cette Planche & les trois fuivantes font relatives à l'article *quart de cercle mural*.

*Fig. 1.* Le quart de cercle mural entierement achevé. On voit au deffous l'efcabeau qui fert à l'Aftronome pour s'élever jufqu'au télefcope, & au deffus du quart de cercle, le contrepoids qui foutient la lunette.

## PLANCHE XI.

*Fig. 2.* Plan de l'armature du quart de cercle.

3. Plan des regles de champ de l'armature du quart de cercle.

7. Profil du mur auquel font fcellées les mains qui fixent le quart de cercle.

## PLANCHE XII.

*Fig. 9.* La vignette repréfente l'intérieur de l'attelier

C

où le quart de cercle a été conftruit, & la machine qui a fervi à en dreffer le plan.

*Bas de la Planche.*

4. Démonftration relative à l'opération de la divifion du quart de cercle.

5. Main ou micrometre extérieur pour conduire le télefcope le long du limbe de l'inftrument.

6. Support du quart de cercle ; à côté font les deux pieces féparées qui le compofent.

### PLANCHE XIII.

*Fig.* 10. La lunette de l'inftrument féparée, & la maniere de vérifier le parallélifme de fon axe, avec la ligne de foi qui paffe par le premier point de la divifion du Vernerus.

11. Les deux extrêmités du télefcope, repréfentées plus en grand pour en faire voir la conftruction & le double Vernerus qui fert d'alidade.

12. Maniere de fufpendre le fil à plomb.

13. Plaque du centre ; à côté font les différentes pieces qui compofent ce centre.

14. Réticule qui eft contenu dans la boîte quarrée de la lunette au foyer commun de l'objectif & de l'oculaire.

15. Réticule rhomboïdal.

16. Divifion du Vernerus.

### PLANCHE XIV.

Cette Planche & la fuivante contiennent ce qui a rapport au quart de cercle mobile.

*Fig.* 1. Le quart de cercle mobile monté fur fon pié & garni de toutes fes pieces. A B Le limbe de l'inftrument divifé en 90 dégrés. C le centre. A C la lunette garnie en A d'un micrometre. C D le garde-fil. E plaque du milieu à laquelle eft fixée la tige perpendiculaire au plan du quart de cercle. F cadran azimuthal. G extrêmité de la verge de conduite. H extrêmité inférieure de l'arbre du pié. I K L M les quatre vis fervant à caler l'inftrument.

2. L'alidade du quart de cercle garnie d'une lunette & d'un vernerus fervant à mefurer les angles fur le terrein quand on fe fert du quart de cercle dans la fituation horifontale.

3. Le garde-fil vu des deux côtés. A B côté du garde-fil que l'on voit dans la *fig.* 1. C D côté du garde-fil qui s'applique au quart de cercle.

4. Le centre du quart de cercle repréfenté en grand. C'eft à l'aiguille de ce centre qu'on attache le cheveu ou fil à plomb qui defcend dans la concavité du garde-fil, *fig.* 3, & dont l'extrêmité inférieure eft chargée d'une petite balle de plomb enduite de cire.

5. Le microfcope du côté de l'oculaire, au moyen duquel on examine à quel point de la divifion du limbe le fil à plomb eft appliqué.

6. Le même microfcope vu du côté de l'objectif, où on voit la queue de la plaque qui le porte. Cette queue eft reçue dans une mortaife pratiquée à la partie inférieure du garde-fil, *fig.* 3 & *fig.* 1.

### PLANCHE XV.

Suite de la précédente, contenant le développement de différentes parties du quart de cercle qui ne font pas vifibles dans les figures précédentes.

*Fig.* 7. Le quart de cercle démonté de deffus fon pié, & vu du côté des regles de champ qui en fortifient l'armature.

8. Le genou en forme de la lettre T, dont la branche verticale reçoit la partie fupérieure de l'arbre du pié, & la partie horifontale, la broche qui eft fixée au milieu de l'armature du quart de cercle ; à la partie inférieure de cette piece, eft fixé un index qui parcourt les divifions du cercle azimuthal fixé fur la tige du pié de l'inftrument.

9. La même piece du genou repréfentée en profil, ainfi que la piece ou broche du quart de cercle qui y eft reçue. A B la broche cylindrique. A maffe de cuivre qui eft reçue par les regles de champ du quart de cercle. B extrêmité de la broche qui eft forée en cette partie & taraudée intérieurement pour recevoir la vis *f*. B C canon de cuivre du genou qui reçoit la broche A B. D vis de preffion pratiquée à un étrier qui environne le canon. *e* couvercle du canon que la vis *f* traverfe avant de s'implanter dans le trou B de la broche A B.

10. La verge de conduite ou de rappel dont la partie *a* faite en pince, & mobile circulairement fur fa bafe, faifit la regle de champ du limbe où elle eft fixée par la clavette qui eft au-deffus qui traverfe les deux joues de la pince & l'épaiffeur de la regle de champ du limbe qui doit y être comprife. *b* vis de rappel pour le mouvement lent. *c* autre extrêmité de la verge de rappel qui eft reçue dans la boîte de la figure fuivante.

10. n°. 2. Seconde partie de la verge de rappel, laquelle fe fixe à l'arbre vertical du pié de l'inftrument. *d* boîte qui reçoit la verge *c* qui eft comprimée par une vis que l'on defferre pour le mouvement prompt. *e* autre boîte, ou douille tournante fur fa bafe, laquelle reçoit la broche *g* de la piece *b* qui tourne librement fur l'arbre du pié au deffous du cadran azimuthal. *f* vis de rappel pour le mouvement lent.

11. Plan & coupe du cadran azimuthal que l'on fixe à l'arbre du pié par trois ou quatre vis. On fixe le canon de cette piece au-deffus de la piece *b* qui doit tourner librement.

12. Arbre du pié. A la partie fupérieure qui eft reçue dans la piece, *fig.* 9 ; cette partie eft forée, comme l'indiquent les lignes pontuées, pour recevoir la broche A B, *fig.* 9, qui eft fixée au milieu de l'armature du quart de cercle, *fig.* 7, lorfqu'on veut faire ufage de cet inftrument dans la fituation horifontale. B C embafe à la partie inférieure de laquelle on a pratiqué quatre mortaifes pour recevoir les tenons fupérieurs des piés ou arbaleftriers, *fig.* 13 & 14, qui maintiennent l'arbre A H dans la fituation verticale. D E autre embafe qui repofe fur la croifée du pié. F G la clavette qui affermit l'arbre fur la croifée ; auprès de l'arbre en I K L M font quatre fortes de vis fervant à caler l'inftrument, comme on voit dans la *fig.* 1 de la Planche précédente. I vis à oreille garnie de fa coquille. K vis à tête goudronnée ; au-deffous eft la coupe de fa coquille, & plus bas, la vis qui attache la coquille à la partie inférieure de la vis K. en L eft une vis à poignée garnie de fa coquille, & en M la vis K à tête goudronnée garnie de fa coquille & repréfentée en perfpective ; le pié du quart de cercle eft foutenu par quatre de l'une ou de l'autre efpece de ces vis.

13. Un des quatre piés ou arbaleftriers qui foutiennent le poinçon ou arbre, *fig.* 12, dans la fituation verticale. Ce pié eft repréfenté en profil en *b c*, & en perfpective en *a d*. *a* ou *b* le tenon fupérieur qui s'implante dans une des mortaifes pratiquées à la partie inférieure de l'embafe B C. (*fig.* 12.). *c* ou *d* tenon inférieur qui eft reçu dans une des mortaifes d'un des bras de la croifée *fig.* 15.

14. Un autre pié en profil & en perfpective.

15. Une des deux pieces qui compofent la croifée du pié de l'inftrument. En I & en L, on voit les boffages taraudés en écrous qui reçoivent les vis I, L, fervant à caler l'inftrument. Cette piece eft coudée dans fon milieu pour recevoir la feconde piece de la croifée, & percée d'un trou quarré pour recevoir le tenon H de l'arbre.

16. Seconde piece de la croifée terminée auffi en K & M par deux boffages taraudés en écrous pour recevoir les vis à caler, & percée dans fon mi-

lieu pour recevoir le tenon de l'arbre. Près des bossages, dans cette figure & dans la précédente, on voit les mortaises qui reçoivent les tenons inférieurs des piés ou arbaleftriers, *fig.* 13 & 14.

## PLANCHE XVI.

Micrometre du quart de cercle mobile. Ce micrometre placé en A , *fig.* 1 & 7 des Planches précédentes, étant deffiné fur une échelle trop petite pour qu'on pût en entendre la construction, on a ajouté cette Planche pour y suppléer.

*Fig.* 1. Le micrometre entier & une portion du tube du télescope en perspective. A la tête de la vis qui conduit le fil mobile. B C cadran qui par le moyen de l'index qui est fixé fur la vis, fait connoître les centiemes parties d'une de ses révolutions. D E index qui fait connoître le nombre des révolutions. F curseur ou index mobile qui glisse le long du précédent ; dans la figure la fleur de lis répond à zéro, ce qui fait connoître que le fil mobile coïncide avec le fil horisontal du réticule fixe. G H portion du tube du télescope du côté de l'objectif. I L portion du tube qui contient le tube particulier de l'oculaire. M le tube de l'oculaire terminé par un œilleton bordé d'un grenetis. K emplacement de l'oculaire que l'on peut éloigner ou approcher des fils du micrometre au moyen du tube M auquel il est fixé.

1. n°. 2. Plan du cadran du micrometre divisé en cent parties égales.

2. Coupe verticale & tranfverfale du micrometre vue du côté de l'objectif, c'est de ce côté qu'est placé le réticule. La boîte B C D E du micrometre, est divisée en deux parties par des languettes. X X que l'on voit *fig.* 4. qui en est le plan, elle contient dans la moitié B B un chaffis F G H I, *fig.* 2, qui porte le réticule ; ce chaffis est mobile dans le sens de la hauteur au moyen de la vis *a b* qui traverse l'écrou *b* de la piece *c* fixée au chaffis. L'embase de la tête de la vis *a* est arrêtée sous le cadran, son quarré *a* en traverse l'épaisseur, comme on voit en B *fig.* 1 , & au moyen d'une clé semblable à celles de montre, on fait tourner cette vis autant qu'il est néceffaire pour que le fil horisontal 3 , 4 du réticule coïncide avec le premier point de la division du quart de cercle. Le chaffis F G H I est repouffé par deux refforts *l m* dont le fupérieur est viffé à la piece *k* du chaffis, & l'autre par une vis *n* au couvercle ou fond D E du micrometre. Le réticule 1 , 2 , 3 , 4, compofé de deux fils qui fe croifent à angles droits, est monté fur un anneau circulaire *d e f* ; cet anneau qui est reçu à feuillure dans une ouverture circulaire de la platine F G H I où il est retenu par les mentonnets des deux coqs *d e* , porte une queue *f* taraudée en écrou pour recevoir la vis *g h* au moyen de laquelle on fait que le fil vertical 1 , 2 du réticule foit parallele au plan de l'instrument. Cette vis qui est reçue en *h* par un piton, a en *g* un quarré propre à recevoir la clé avec laquelle on tourne cette vis. On voit fur l'anneau circulaire les différentes pieces qui fervent à tendre les fils & à en arrêter les extrèmités.

3. Coupe verticale & tranfverfale de la feconde partie du micrometre vue du côté de l'oculaire. C'est dans cette partie qu'est contenu le fil curfeur & les différens chaffis qui le portent. B C D E la boîte du micrometre coupée dans le milieu de la partie C C de la *fig.* 4. L M N O le chaffis mobile qui s'applique aux languettes L N , M O qui font cotées X , X ; dans la *fig.* fuivante la traverfe fupérieure L M de ce chaffis porte un écrou K qui reçoit la vis *a* I. Cette vis dont l'embafe est retenue par le cadran, reçoit après l'avoir traverfé, l'index *m n* qui y est retenu à frottement & fixé fur le colet cylindrique par la vis *n* de preffion ; au deffus de l'index, on fait entrer quarrément

la tête goudronnée A qui est arrêtée fur le quarré de la vis par la petite vis qui est au deffus de la lettre A. Le chaffis mobile L M N O est continuellement repouffé en-haut par les quatre refforts 12 , 14 dits à l'écreviffe ; ces quatre refforts font montés fur une plaque de laiton 13 , & portent d'un bout fur le fond E D de la boîte, & de l'autre, contre la traverfe inférieure N O du chaffis mobile. Le chaffis mobile porte un autre chaffis 9 P 8 qui peut s'incliner à droite ou à gauche. La vis P étant le centre de fon mouvement, il est maintenu & appliqué contre la platine du chaffis mobile par les deux pitons ou coqs 8 , 9 fous lefquels il peut fe mouvoir, les parties du fecond chaffis étant arrondies du centre P. 1 , 2 est le fil mobile, 5 & 3 les pieces qui arrêtent les extrèmités du fil horifontal 1 , 2. 4 reffort qui tend le fil horifonzal. 6 , 7 reffort fixé en 6 au chaffis mobile, lequel appuye conftamment contre la cheville 7 du fecond chaffis pour le renverfer du côté de la vis 11. 10 piton qui est traverfé par la vis d'inclinaifon dont l'embafe porte contre le côté du chaffis mobile ; on fait tourner cette vis autant qu'il est néceffaire au moyen d'une clé convenable pour que le fil 1 , 2 foit rendu parallele au fil 3 , 4 de la figure 2 , ou perpendiculaire au plan de l'inftrument.

4. Coupe horifontale du micrometre. X X languettes qui féparent le chaffis du réticule du chaffis du curfeur. B B emplacement du chaffis du réticule. C C emplacement du chaffis du curfeur.

5. Les quatre refforts à l'écreviffe qui repouffent le chaffis du curfeur du côté de la vis du micrometre, pour qu'il n'y ait point de retard ou de tems perdu dans la marche du fil mobile à chaque rétrogradation de la vis. 12 , 12 les deux refforts fupérieurs qui s'appliquent à la traverfe inférieure du chaffis mobile. 13 plaque de cuivre fur laquelle les quatre refforts font montés. 14 , 14 les deux refforts inférieurs qui appuyent fur le fond E D de la boîte.

## PLANCHE XVII. cotée XVIII.

### *Micrometre Anglois.*

*Fig.* 1. Le micrometre vu du côté de la platine mobile & garni de toutes fes pieces.

2. Le micrometre vu du côté de la platine qui s'adapte à la lunette du télescope.

3. Le cadran du micrometre & développement de la cadrature qu'il recouvre. A le cadran mobile qui marque le nombre des tours de la vis. B roue de renvoi fixée par trois vis à la partie inférieure du cadran mobile. C pignon en arbré fur la vis du micrometre. Au-deffous est la roue de renvoi dont le pignon engraine dans la roue B que porte le cadran mobile. Les divifions de ce cadran paroiffent à travers la fenêtre *x y* du cadran F dont les divifions font connoître, au moyen de l'index E, les portions de tours de la vis dont le cadran mobile A fait connoître le nombre des révolutions.

4. Le curfeur du micrometre dont on a féparé les différentes pieces qui le compofent.

5. Le même curfeur garni de toutes fes pieces.

6. La vis du micrometre. C la poignée dont la moulure est garnie d'un grenetis ; à côté est le reffort de compreffion.

## PLANCHE XVIII. cotée XVII. *Suite de la précédente.*

Développemens des platines du micrometre.

*Fig.* 8. La platine fixe vue du côté oppofé à la platine mobile. *λ μ* fente concentrique au point *z* qui répond à l'axe de la lunette, & dans laquelle paffent les vis qui réuniffent les deux platines.

8. La même platine fixe vue du côté oppofé, c'est-à-dire, du côté qu'elle s'applique à la platine mobile. *a c d e b* rainure circulaire concentrique

au point *A*, laquelle reçoit la languette circulaire de la platine mobile.

9. La platine mobile du micrometre vue du côté qui s'applique à la platine fixe. *a b c d e* languette circulaire qui est reçue dans la rainure de la *figure* 8. Auprès de la lettre *d*, on voit les trous taraudés qui reçoivent les vis de réunion qui glissent dans la fente λ *μ*, de la figure précédente.

10. La platine mobile vue du côté opposé : le curseur a été supprimé. On voit seulement la coulisse qui lui sert de guide.

### PLANCHE XIX.

#### *Héliometre de M.* B O U G U E R.

*Fig.* 1. Cadran du micrometre de l'héliometre adapté à la tête de la vis. Il est divisé en 60 parties qui font connoître la soixantieme partie du tour de la vis, ou la soixantieme partie de l'intervalle entre les filets de la vis. Ce cadran a, comme il sera dit plus bas, une roue de champ qui est menée par un pignon qu'une verge de conduite aussi longue que la lunette ou télescope, fait mouvoir. Elle a environ 40 pieds.

2. Platine de l'héliometre qui s'adapte au tube de la lunette au moyen d'une frette qui y est soudée postérieurement, comme on le voit *fig.* 4. Cette platine est percée de deux ouvertures A & B qui n'en font qu'une. C'est à ces ouvertures que l'on place les objectifs. A ouverture pour l'objectif fixe. B ouverture pour l'objectif mobile. *v x, y ʒ* les coulisses qui reçoivent la piece en queue d'aronde qui porte le second objectif. 3, 4 graduation qui fait connoître le nombre de tours de la vis. *x*, *ff*, *ʒ* supports du cadran. *ff* endroit que la vis traverse, son embase restant de l'autre côté.

3. Le chaffis mobile qui porte le second objectif. *d e*, *f g* les languettes en queue d'aronde qui sont contenues dans les coulisses de la figure précédente. B place de l'objectif qui est retenu par les deux pitons 1 & 2. E ouverture pour rendre le chaffis plus léger. *b* œil du chaffis lequel est taraudé pour recevoir la vis du micrometre. *a* noyure pour faire place à l'extrêmité de la vis dans les grandes excursions du chaffis ; près du chiffre 2 vis-à-vis de la lettre *c*, est l'index qui sert à compter le nombre des révolutions de la vis par sa rencontre vis-à-vis les divisions qui sont sur la coulisse correspondante. Au dessous sont les différentes pieces qui servent à conduire le chaffis. E *f* vis de rappel, du micrometre ; sa portée *a a* s'applique à la partie opposée à *ff* (*fig.* 2.). *ab, ab* partie cylindrique qui traverse l'épaisseur de la platine *ff* (*fig.* 2.) & l'épaisseur du centre de la roue de champ *g g*. *h h* cadran qui recouvre la roue *g g*, & n'y est point adhérent, étant fixé sur les extrêmités *x ʒ* de la *figure* 2, comme on le voit dans la *fig.* 4 & la *fig.* 6. F tête de la vis qui est goudronnée & porte un index que l'on voit (*fig.* 1) qui indique le nombre des parties d'une révolution de la vis divisée en 60 parties. Cette tête qui reçoit quarrément l'extrêmité *b f b* de la tige de la vis, y est fixée comme dans la figure précédente.

4. Projection horisontale de l'extrêmité du télescope du côté des objectifs. X Y portion du tube du télescope, ou lunette de 40 pieds de longueur. C A B D frette ou virole soudée à la platine *fig.* 2. qui porte l'héliometre. F tête de la vis de l'héliometre ou micrometre. H cadran adhérent par deux vis à la platine. G roue de champ menée par le pignon K. D piton qui contient un des pivots du pignon K. La patte de ce piton qui est triangulaire, est fixée sur la virole ou frette par trois vis, une près de la lettre D & la seconde à la partie opposée ; la troisieme qui est celle de la queue est près de la lettre B. L quarré de la tige du pignon qui reçoit le quarré concave de

la verge de conduite qui regne le long du tube du télescope ; cette verge est soutenue de distance en distance par des pitons, & est terminée du côté de l'oculaire par une tête goudronnée qui sert à la tourner avec facilité.

4 n°. 2. Coupe du télescope ou lunette au foyer commun des objectifs & de l'oculaire où l'on voit les deux disques ou images du soleil *a* & *b* qui se touchent.

5. Profil de la platine de l'héliometre vue du côté de la vis, le cadran *fig.* 1. étant supprimé. C D profil de la platine. *a* trou du chaffis mobile qui reçoit la vis. *x ʒ* les coulisses en queue d'aronde qui reçoivent le chaffis mobile.

6. Vue perspective de l'héliometre garni de toutes ses pieces. C D la platine fixée à l'extrêmité du tube du télescope. A l'objectif fixe. *v 5 6 y* l'anneau ou portion d'anneau qui le contient, lequel est attaché à la platine par trois vis. 5 & 6 les pitons qui affujettiffent l'objectif dans l'anneau. *v x y ʒ* les coulisses qui guident le chaffis mobile qui porte le second objectif B. 1 & 2 les deux pitons qui affujettiffent le second objectif. E ouverture pour élégir le chaffis mobile. 3, 4 la graduation ou micrometre qui fait connoître le nombre des tours de la vis. F le bouton ou la tête de la vis. On distingue aussi une partie du cadran & de la roue de champ qui y est adossée. *Voyez* l'article HÉLIOMETRE.

### PLANCHE XX.

Héliometre Anglois appliqué au télescope. Le télescope de réflexion a la propriété de raccourcir considérablement le foyer de l'objectif que l'on y applique ; le télescope que la *figure* 4 réprésente est de la sorte de Gregory.

*Fig.* 1. A B F platine de l'héliometre vue du côté de l'objet & dégarnie de toutes ses pieces. C E, D G les coulisses en queue d'aronde qui reçoivent les coulans ou pieces mobiles qui portent chacune une moitié de l'objectif. Cette platine est percée d'une ouverture circulaire environnée d'une frette qui reçoit le tube du télescope. Cette frette est aussi entourée d'une roue dentée qui lui est adhérente, & par son moyen elle l'est à la platine.

2. L'héliometre garni de toutes ses pieces & des deux demi-objectifs X Y, qui, lorsqu'ils sont placés au devant l'un de l'autre, doivent en former un seul comme s'il étoit entier & placé au-devant du télescope. *n*, 5, 1, 2, *i* un des deux coulans dont la languette est reçue & retenue par la coulisse C E, il porte le demi-objectif X qui y est attaché par le demi-anneau 5, 6, 7 & la réglette 5, 7 qui en fait le diametre. Le demi-verre X est retenu dans l'anneau par les trois coqs 5, 6, 7 qui sont garnis des vis & ressorts nécessaires pour comprimer & centrer le demi-objectif. Cette moitié mobile de l'héliometre porte aussi une bande de cuivre *k i* dont la graduation subdivisée par le vernerus de l'autre moitié fait connoître la quantité de l'excentricité des deux demi-objectifs. *o*, 10, 3, 4, *g* second coulant de l'héliometre dont la languette 3, 4 est reçue & retenue par la coulisse D G ; le demi-objectif Y est monté dans cette moitié comme dans la premiere. *h g* vernerus qui subdivise la graduation *k i* de la premiere moitié. *f g* la vis de rappel du vernerus pour faire coïncider l'index avec le point *o* de la division, lorsque les deux demi-objectifs sont vis-à-vis l'un de l'autre & centrés sur le télescope. A B pont affujetti par quatre vis ; sous ce pont est un pignon *m* qui engraine à la fois dans les deux cremailleres de chacun des coulans de l'héliometre, en sorte que le pignon venant à tourner d'un sens, écarte les centres de chacun des demi-objectifs l'un de l'autre & du centre du télescope ; lorsqu'il tourne

de

Pl. III.

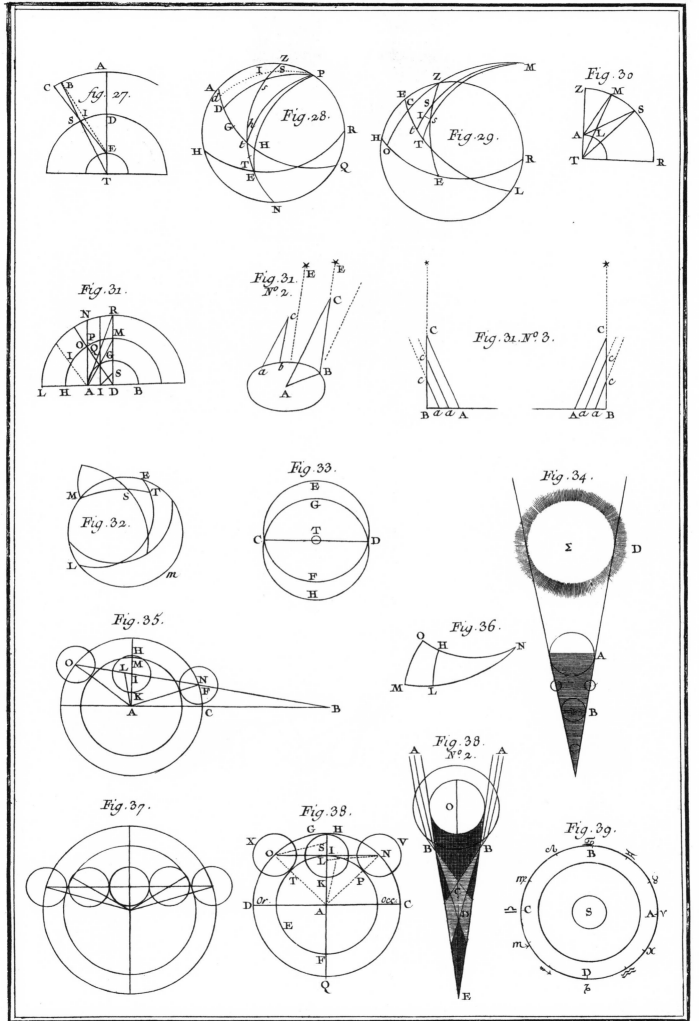

Fig. 27. Fig. 28. Fig. 29. Fig. 30. Fig. 31. Fig. 31. Nº 2. Fig. 31. Nº 3. Fig. 32. Fig. 33. Fig. 34. Fig. 35. Fig. 36. Fig. 37. Fig. 38. Fig. 38. Nº 2. Fig. 39.

Benard Fecit.

# Astronomie.

Pl. IIII

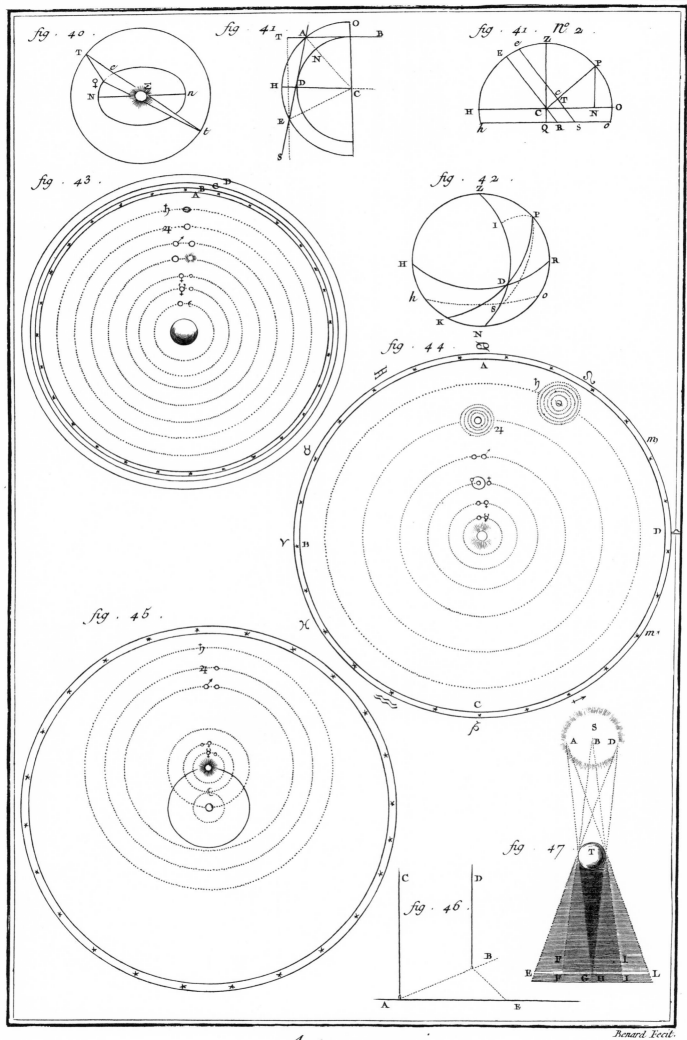

fig. 40.

fig. 41.

fig. 41. N.º 2

fig. 43.

fig. 42.

fig. 44.

fig. 45.

fig. 46.

fig. 47.

*Astronomie.*

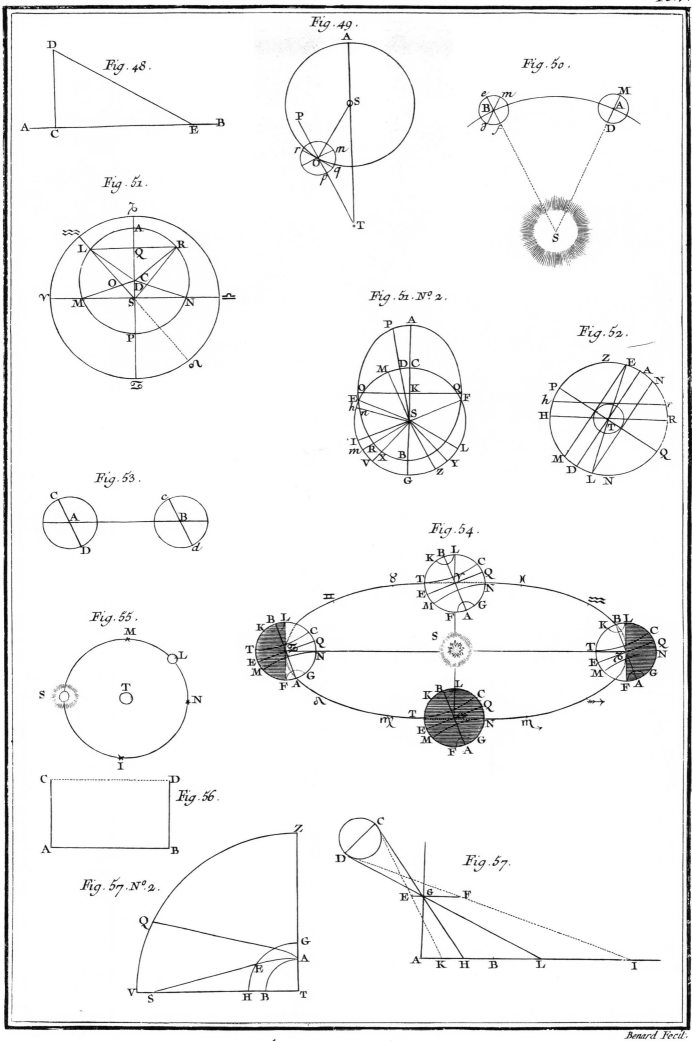

Pl. V.

Fig. 48.

Fig. 49.

Fig. 50.

Fig. 51.

Fig. 51. Nº 2.

Fig. 52.

Fig. 53.

Fig. 54.

Fig. 55.

Fig. 56.

Fig. 57. Nº 2.

Fig. 57.

Benard Fecit.

*Astronomie.*

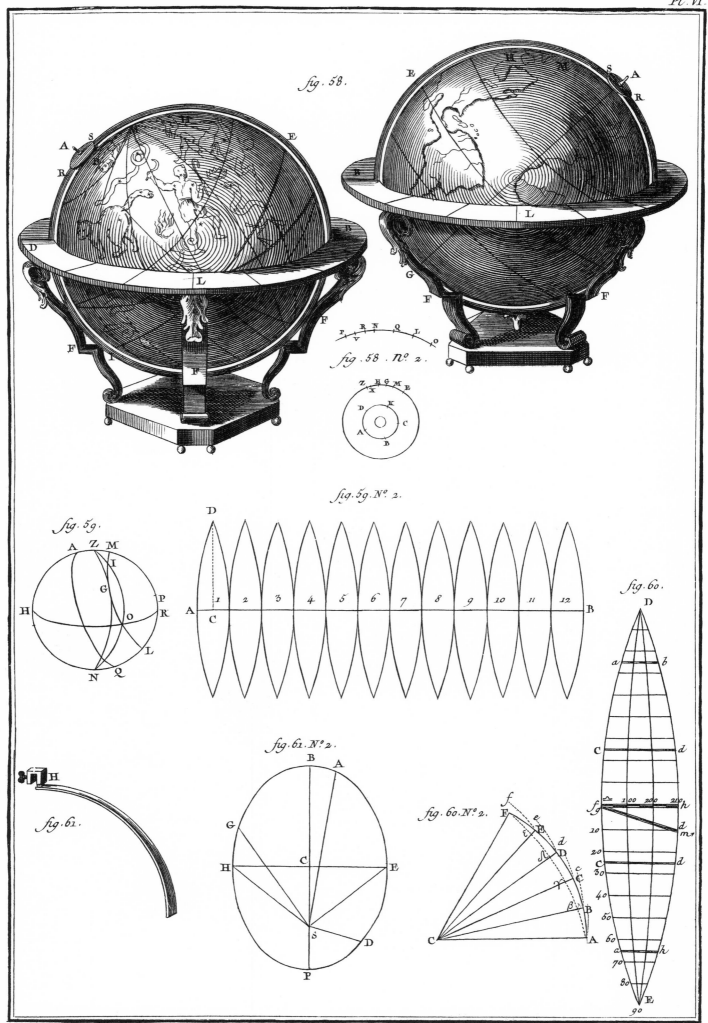

Pl. VI.

fig. 58.

fig. 58. N.º 2.

fig. 59. N.º 2.

fig. 59.

fig. 60.

fig. 61. N.º 2.

fig. 61.

fig. 60. N.º 2.

Benard Fecit.

*Astronomie.*

*Pl. VII.*

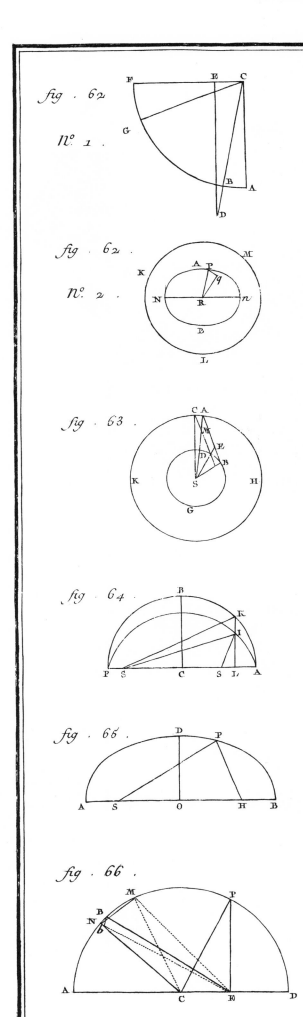

*fig . 62*

*N.° 1 .*

*fig . 62 .*

*N.° 2 .*

*fig . 63 .*

*fig . 64 .*

*fig . 65 .*

*fig . 66 .*

⊙. *Le Soleil .*

♈. *Le Belier .*     ♄. *Saturne .*

♉. *Le Taureau .*     ♃. *Jupiter .*

♊. *Les Gemeaux .*     ♂. *Mars .*

♋. *l'Ecrevisse .*     ⊕. *La Terre .*

♌. *Le Lion .*     ♀. *Venus .*

♍. *La Vierge .*     ☿. *Mercure .*

♎. *La Balance .*     ☽. *Le Croissant .*

♏. *Le Scorpion .*     ▓. *La Nouvelle Lune .*

♐. *Le Sagittaire .*     ◑. *Le Quartier .*

♑. *Le Capricorne .*     ⊙. *La Pleine Lune .*

♒. *Le Verseau .*     ☊. *Teste du Dragon . ou Noeud Ascendant .*

♓. *Les Poissons .*     ☋. *Queüe du Dragon ou Noeud descendant .*

O. *Degré .*     ☍. *l'Opposition .*

I. *Minutes .*     △, □. *Trine et quadrat Aspect .*

II. *Secondes .*     ☌. *Conjonction .*

III. *Tierces .*

IIII. *Quartes .*

*Astronomie .*

Pl. VIII

Etoiles du Cygne qui forment une grande Croix, dans la voye Lactée.

Etoiles de Cassiopée, qui forment une espèce de Chaise renversée, dans la voye Lactée.

Hémisphere Boreal

le 4 Mars 176

Serpentaire

Hercule

Antinous

Aigle

le Dauphin

le Petit Cheval

Février 1744

Tête-Petit

le mont Menale

la Couronne

Pegase

le Bouvier

Arcturus

la Vierge

la Chevelure de Berenice

Cassiopée

Andromede

les Poissons

le G. Ourse le le 17

la Girafe

le Lion

le Lynx

la Mouche

Triangle

le Sextant

le Lion

l'Hercule

les Gemeaux

le Cocher d'Erichton

le Bélier

le Taureau

l'Hydre

Orion

la Baleine

le Petit Chien

la Licorne

la Petite Ourse

la Grande Ourse

la Polaire

la Tête d'Andromede

Etoiles de Pegase, qui Composent un Quadrilatere, avec la tête d'Andromede.

Benard Fecit.

# Astronomie.

Pl. IX.

la Grue

le Scorpion

Hémisphere Austral.

le
Serpentaire

Antinous

le Serpent

l'Ecu de Sobieski

le Verseau

la Balance

le Scorpion

Capricorne

la Couronne
Australe

le Poisson Austral

le Sagittaire

l'Autel

le Loup

la Vierge

la Grue

l'Indien

le Centaure

le Paon

Oiseau Indien

le Corbeau

la Coupe

le Phenix

le Char de Charles

le Sextant

la Baleine

Poisson Volant

l'Hydre Femelle

la Dorade

le Navire

l'Eridan

la
Colombe

la
Croizade

le Lievre

le Grand
Chien

V.ie Lactée

la Licorne

Orion

Rigel

Pied du
Centaure

la Croizade

Orion

*Astronomie.*

Pl. X.

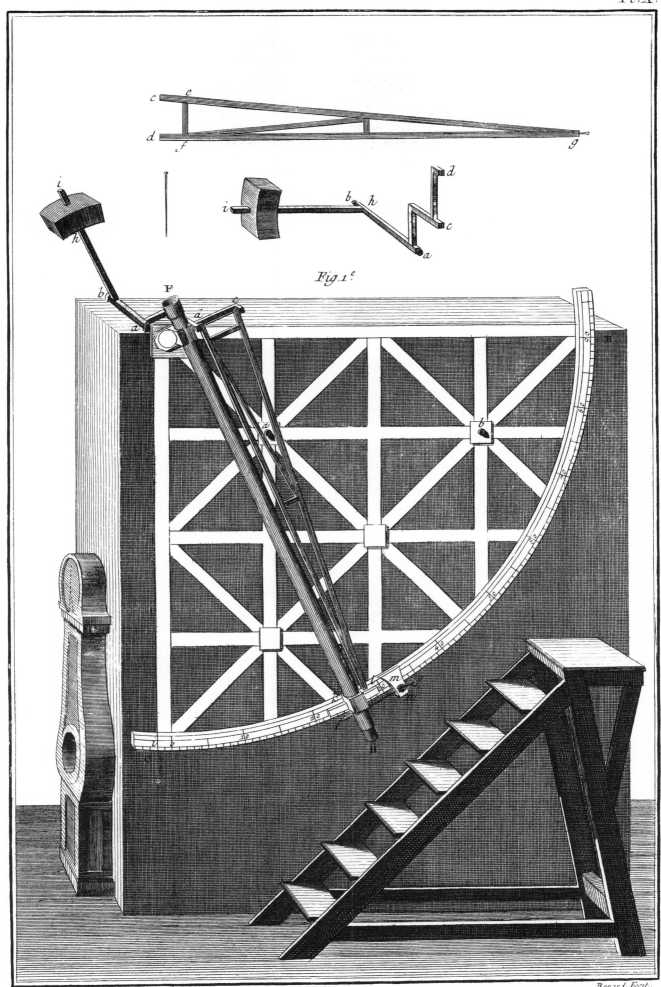

Fig. 1ᵉ

Goussier Del.

Benard Fecit.

*Astronomie Instrumens,*
*Quart de cercle Mural en Perspective et dévelopement du Contrepoid de la Lunette.*

Pl. XI.

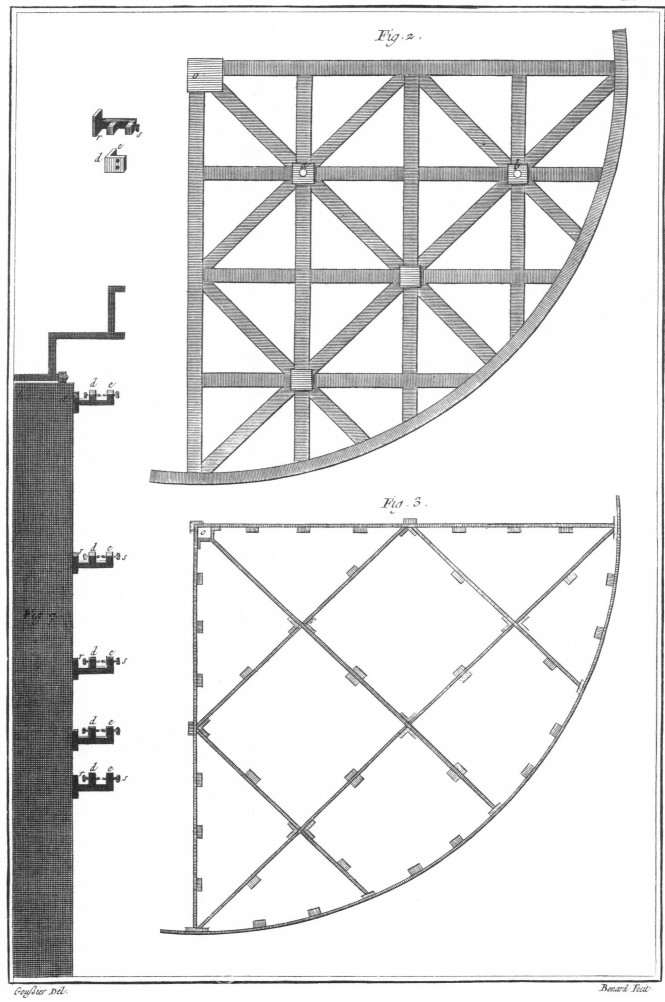

Fig. 2.

Fig. 3.

*Astronomie, Instrumens,* Quart de Cercle Mural, construction de son Armure &c.

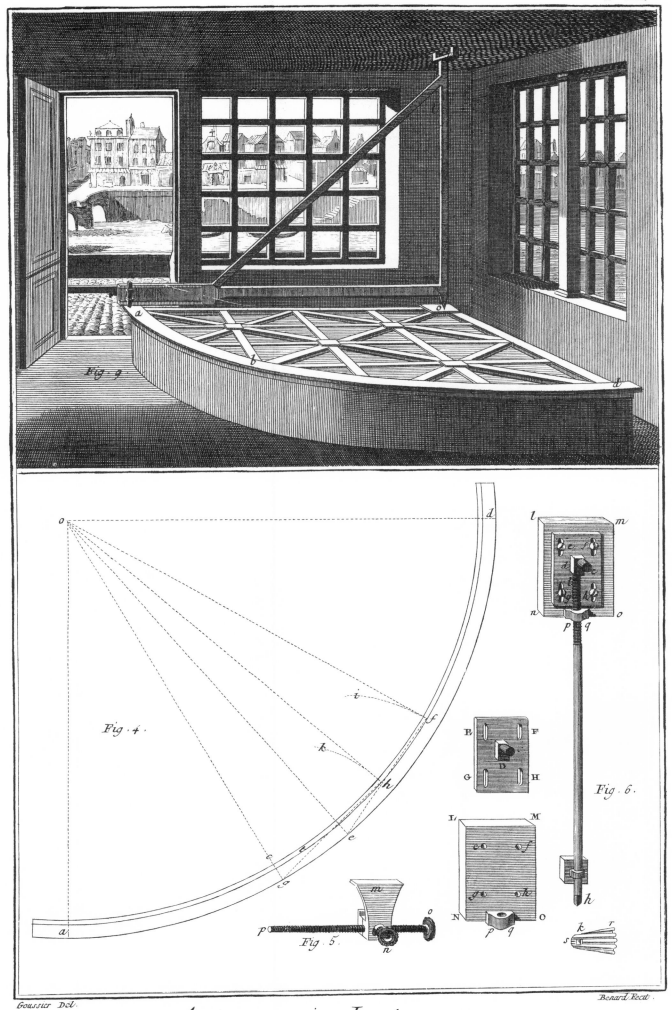

Pl. XII.

Fig. 3.

Fig. 4.

Fig. 6.

Fig. 5.

Goussier Del.

Benard Fecit.

*Astronomie, Instrumens.*
Quart de cercle Mural. Machine pour en dresser la Limbe &c.

Pl. XIII.

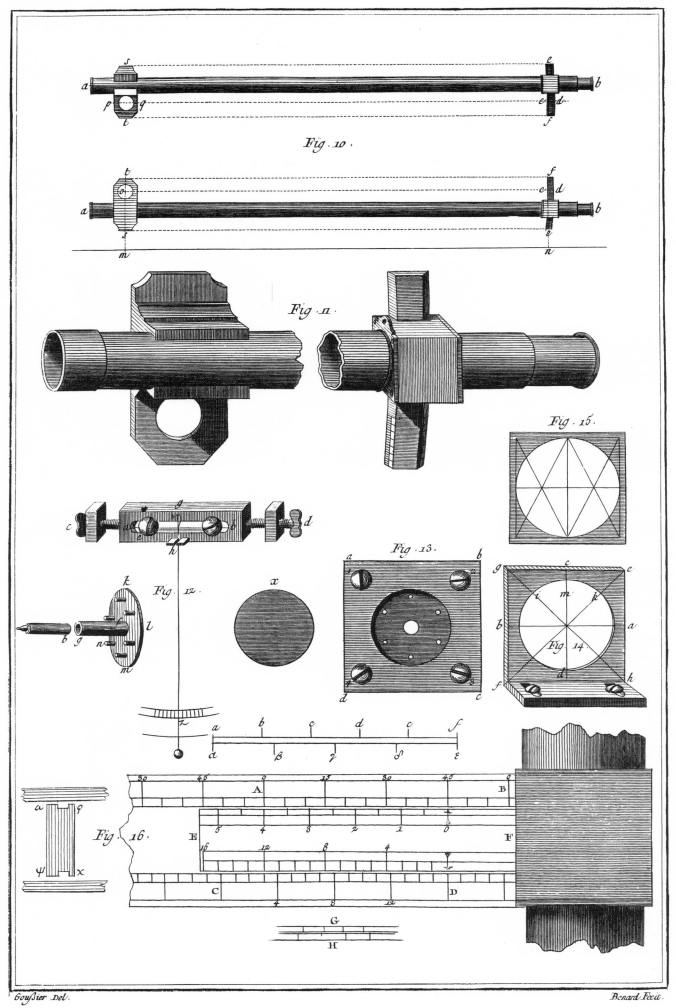

Fig. 10.

Fig. 11.

Fig. 15.

Fig. 12.

Fig. 13.

Fig. 14.

x

Fig. 16.

A        B
E        F
C        D
G
H

Goussier Del.

Benard Fecit.

*Astronomie, Instrumens, suite du Quart de Cercle Mural.*

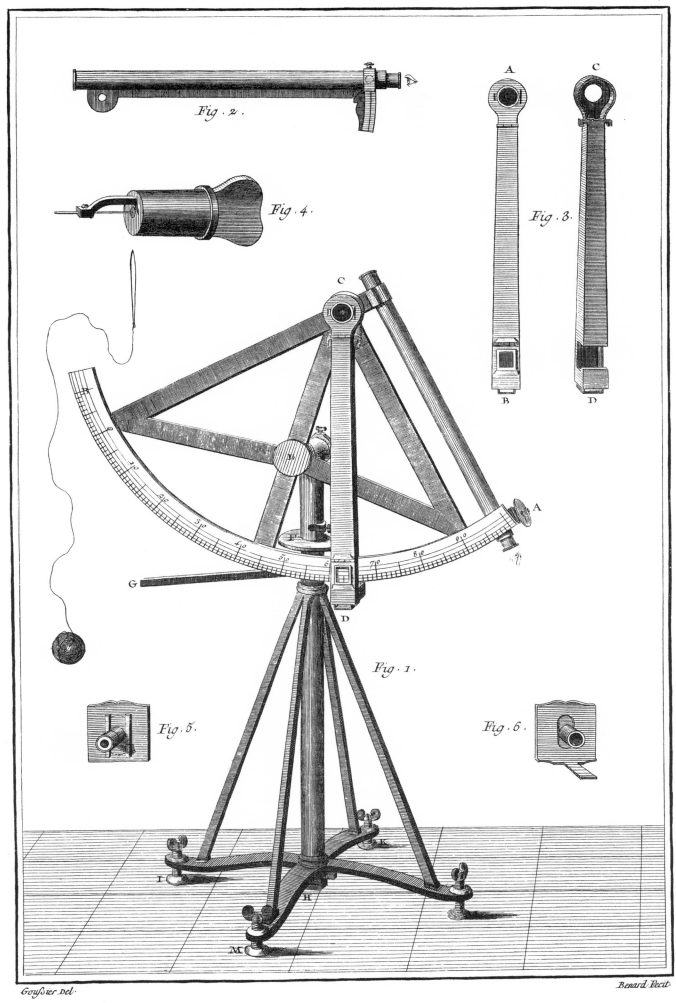

Fig. 2.

Fig. 4.

Fig. 3.

A          C

B          D

C

A

G

D

Fig. 1.

Fig. 5.          Fig. 6.

I          K

H

M

Goussier Del.          Benard Fecit.

*Astronomie, Instrumens, Quart de cercle Mobile.*

Pl. XIV.

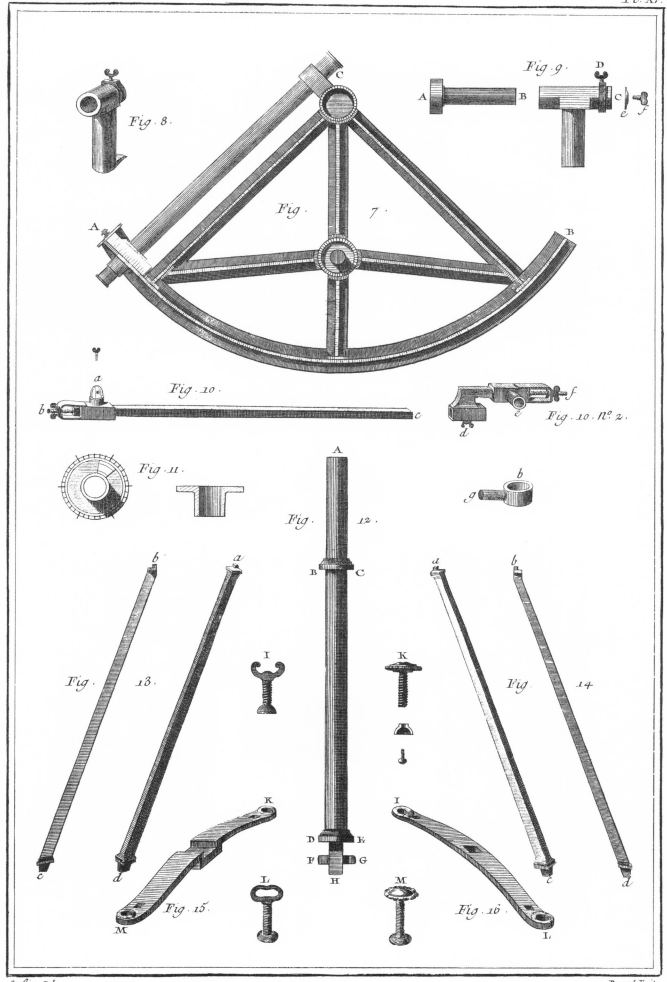

Fig. 8.

Fig. 9.

Fig. 7.

Fig. 10.

Fig. 10. Nº. 2.

Fig. 11.

Fig. 12.

Fig. 13.

Fig. 14.

Fig. 15.

Fig. 16.

Pl. XV.

Goußier Del.

Benard Fecit.

*Astronomie, Instrumens, suite du Quart de Cercle Mobile.*

Pl. XVI.

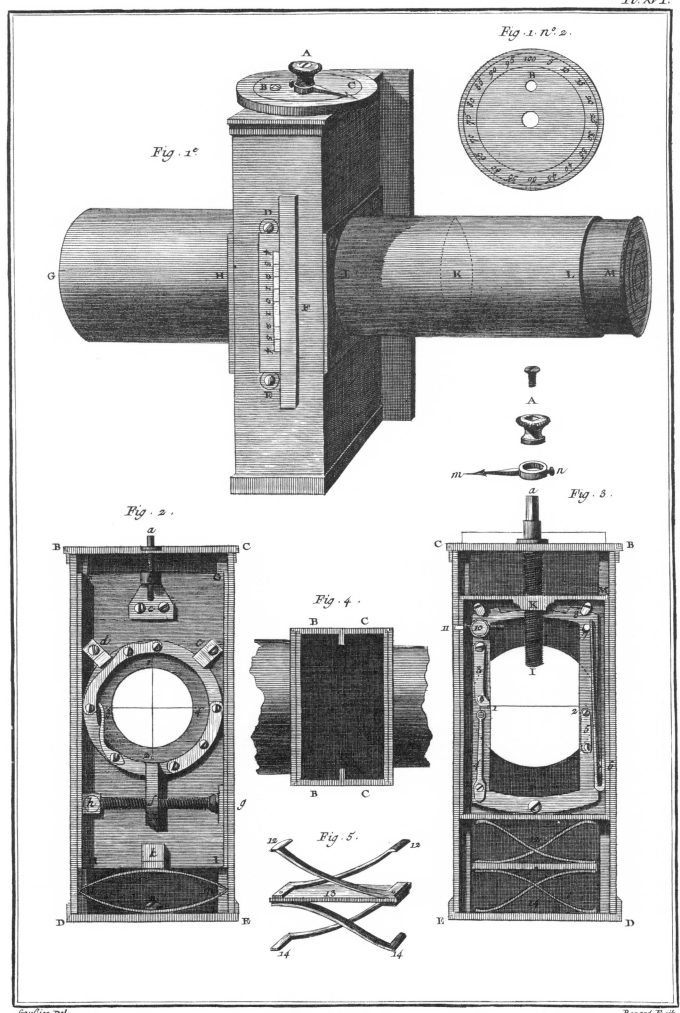

Fig. 1. nᵒ. 2.

Fig. 1ᵉ.

Fig. 2.

Fig. 3.

Fig. 4.

Fig. 5.

Goußier Del.

Benard Fecit.

*Astronomie, Instrumens*, *Micromètre du Quart de Cercle Mobile*.

Pl. XVII.

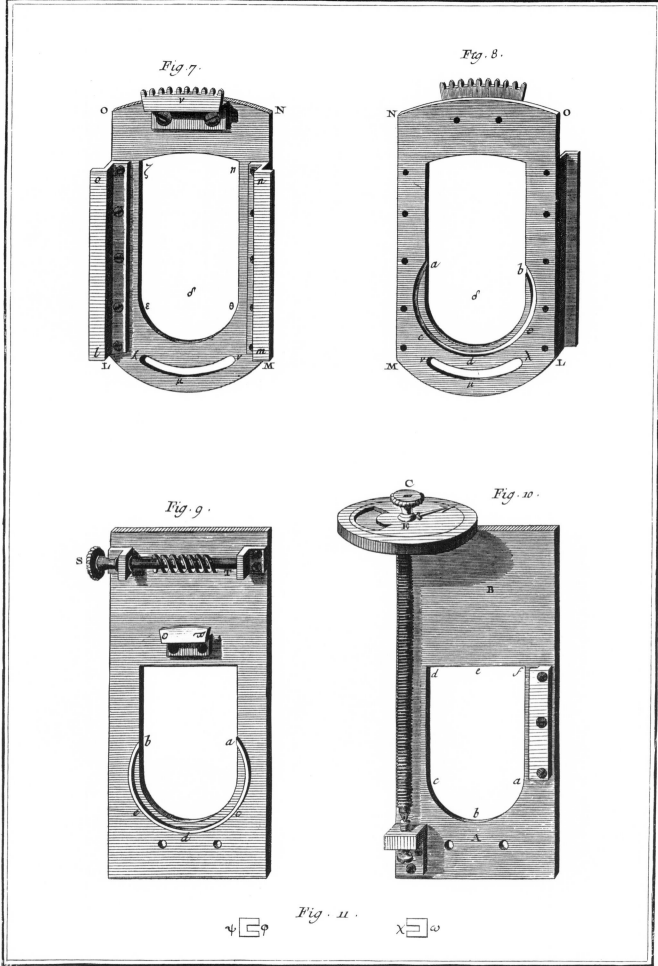

Fig. 7.

Fig. 8.

Fig. 9.

Fig. 10.

Fig. 11.

Goussier Del.

Benard Fecit.

*Astronomie, Instrumens, Micromètre.*

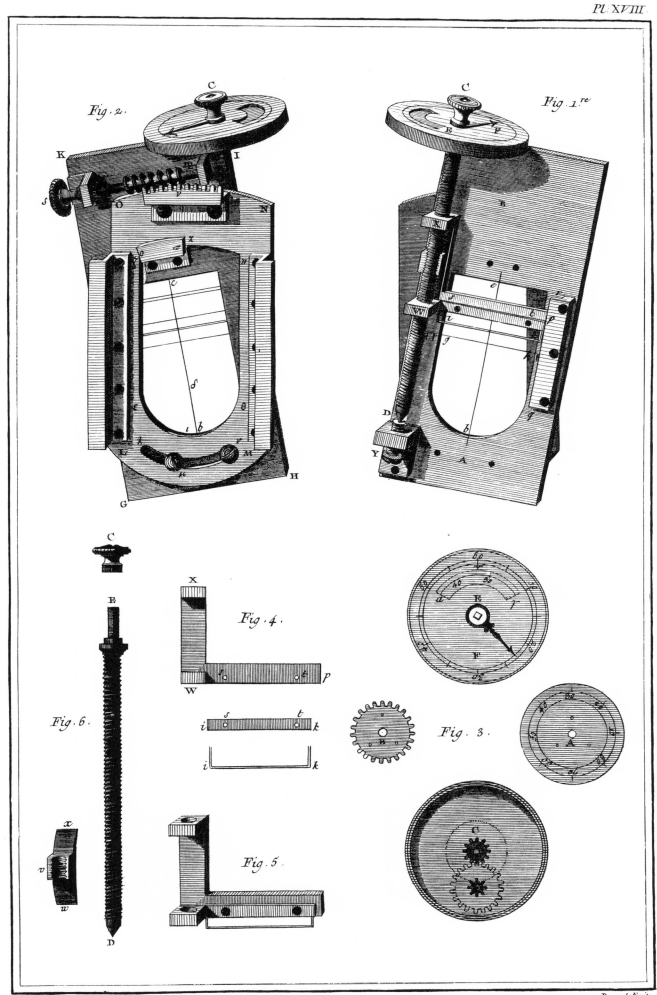

Pl. XVIII.

Fig. 2.

Fig. 1.re

Fig. 4.

Fig. 6.

Fig. 3.

Fig. 5.

Astronomie, Instrumens, suitte du Micrometre.

Pl. XIX.

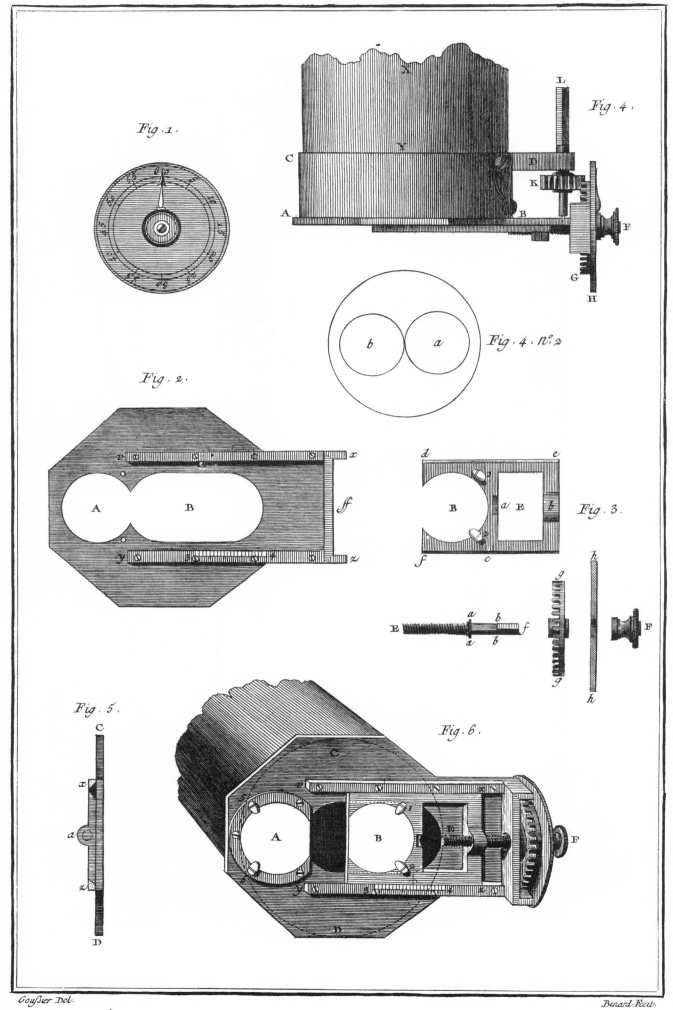

*Fig. 1.*

*Fig. 4.*

*Fig. 4. N.º 2.*

*Fig. 2.*

*Fig. 3.*

*Fig. 5.*

*Fig. 6.*

Goussier Del.

Benard Fecit.

*Astronomie, Instrumens, Héliometre de M.ʳ Bouguer.*

Pl. XX.

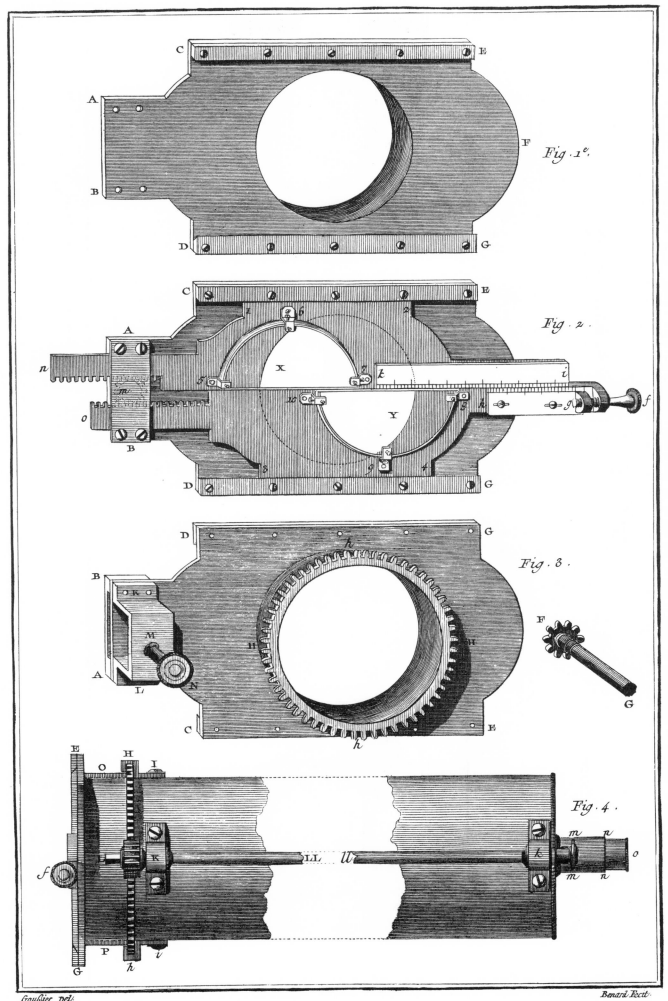

*Fig. 1.*

*Fig. 2.*

*Fig. 3.*

*Fig. 4.*

Goußier Del.

Benard Fecit.

*Astronomie Instrumens*, Héliometre Anglois appliqué au Télescope.

Pl. XXI.

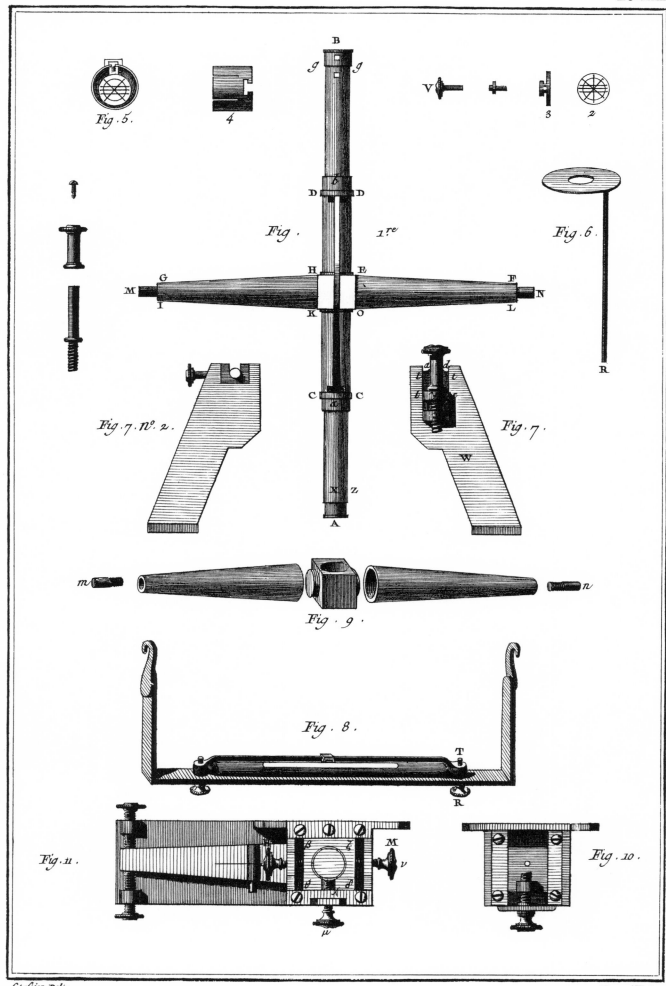

Fig. 5.

4

V

3

2

Fig. 1re

Fig. 6.

Fig. 7. No. 2.

Fig. 7.

Fig. 9.

Fig. 8.

Fig. 11.

Fig. 10.

Goussier Del.

Benard Fecit.

*Astronomie, Instrumens,* Dévelopemens de l'Instrument des Passages

Pl. XXII.

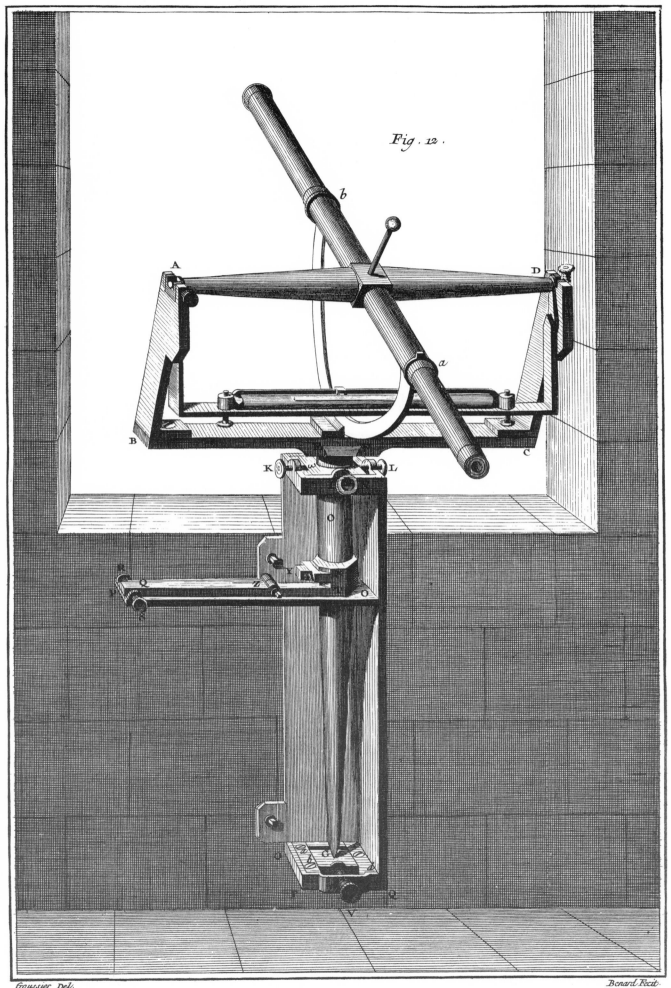

*Fig. 12.*

*Astronomie, Instrumens. Instrument des Passages en Perspective*

Pl. XXIII.

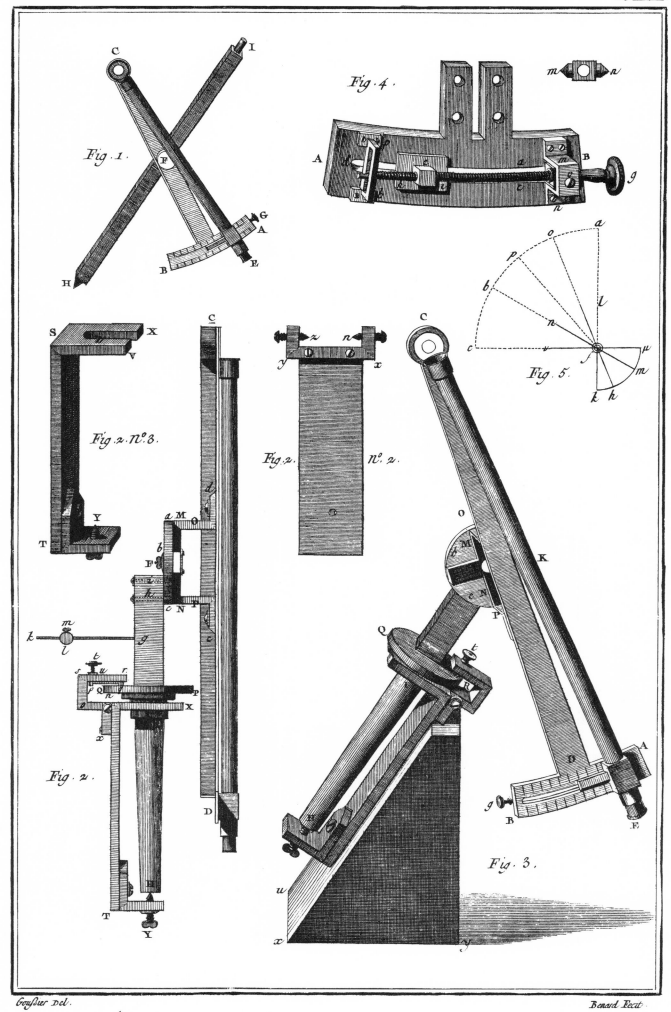

Fig. 1.

Fig. 4.

Fig. 2. n°. 3.

Fig. 2. n°. 2.

Fig. 5.

Fig. 2.

Fig. 3.

Gouffier Del.

Benard Fecit.

*Astronomie, Instrumens,* Premier Secteur de M<sup>r</sup>. Graham.

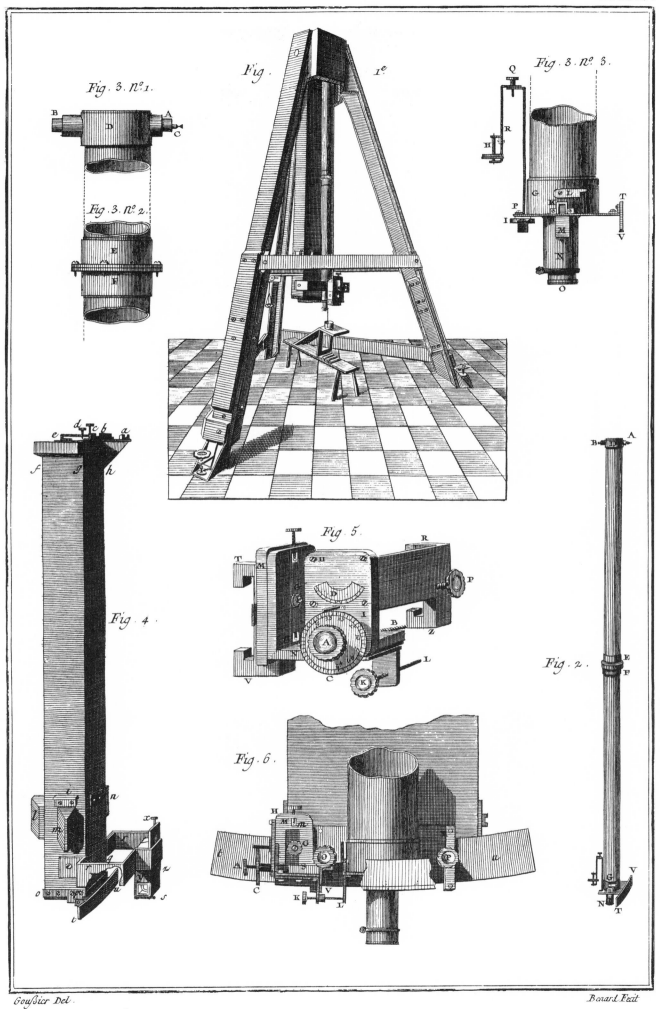

Fig. 3. n.° 1.

Fig. 3. N.° 2.

Fig. 3. n.° 3.

Fig. 1.°

Fig. 4.

Fig. 5.

Fig. 6.

Fig. 2.

Goußier Del.

Benard Fecit.

*Astronomie, Instrumens, Secteur de M.<sup>r</sup> Graham.*

Pl. XXV.

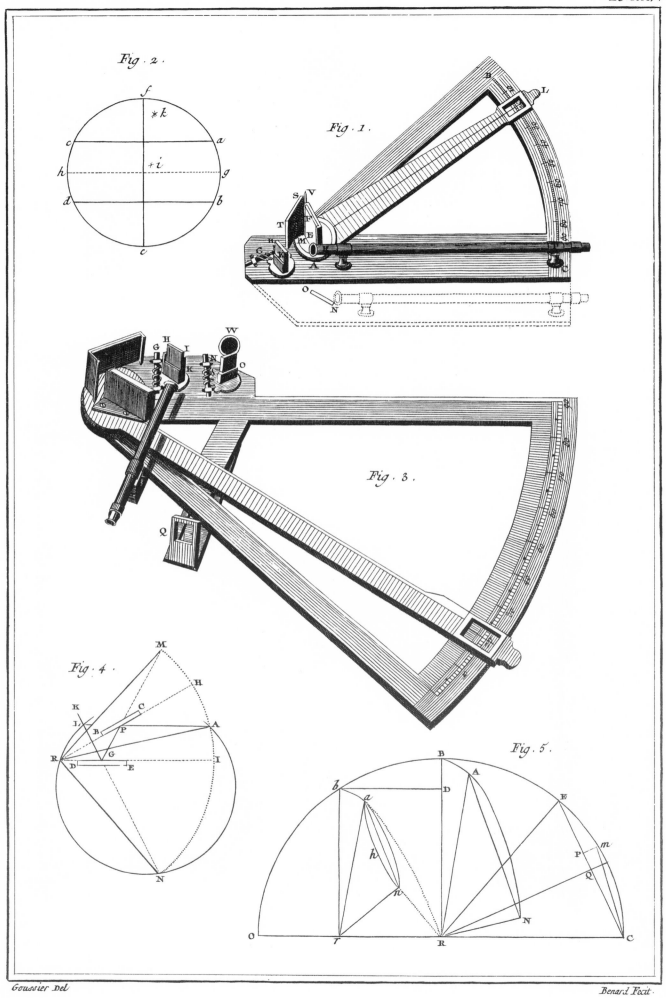

Fig. 2.

Fig. 1.

Fig. 3.

Fig. 4.

Fig. 5.

*Astronomie, Instrumens, Secteur de M.ʳ Haley.*

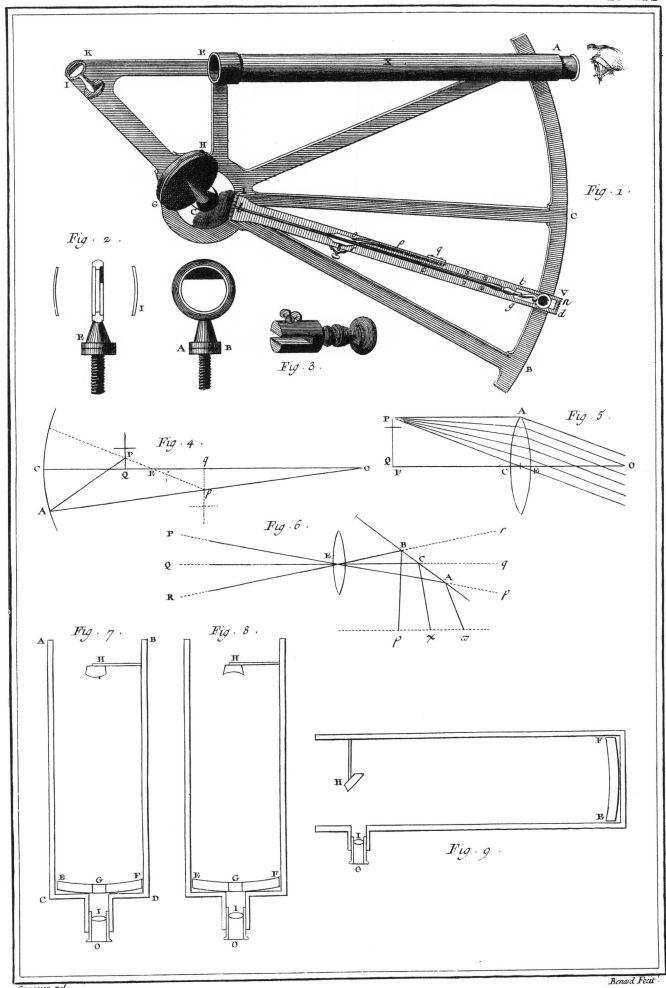

*Pl. XXVI.*

*Fig. 1.*

*Fig. 2.*

*Fig. 3.*

*Fig. 4.*

*Fig. 5.*

*Fig. 6.*

*Fig. 7.*

*Fig. 8.*

*Fig. 9.*

Goussier Del.

Benard Fecit.

*Astronomie, Instrumens, Secteur de Mr. de Fouchi &c.*

# ASTRONOMIE.

*Huit Planches.*

Les autres figures d'Astronomie font suffisamment expliquées dans les articles auxquels elles ont rapport, nous nous sommes contentés d'énoncer ici ces quatre nouveaux instrumens.

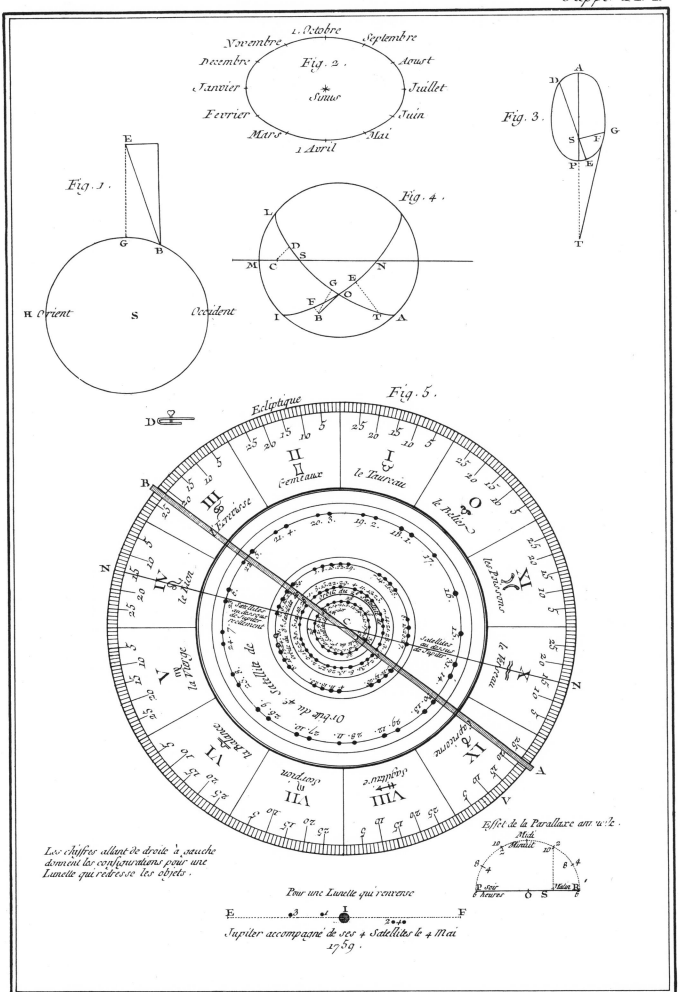

Fig. 2.

1. Octobre · Septembre
Novembre · Aoust
Decembre · Juillet
Janvier · Juin
Fevrier · Mai
Mars
1 Avril
Sirius

Fig. 3.

Fig. 1.

H Orient · S · Occident

Fig. 4.

Fig. 5.

Ecliptique

Les chiffres allant de droite à gauche donnent les configurations pour une Lunette qui redresse les objets.

Pour une Lunette qui renverse

Effet de la Parallaxe annuelle.
Midi
Minuit
P soir · 6 heures · S · Matin R · 6

Jupiter accompagné de ses 4 Satellites le 4 Mai 1759.

Benard Direx.

# Astronomie.

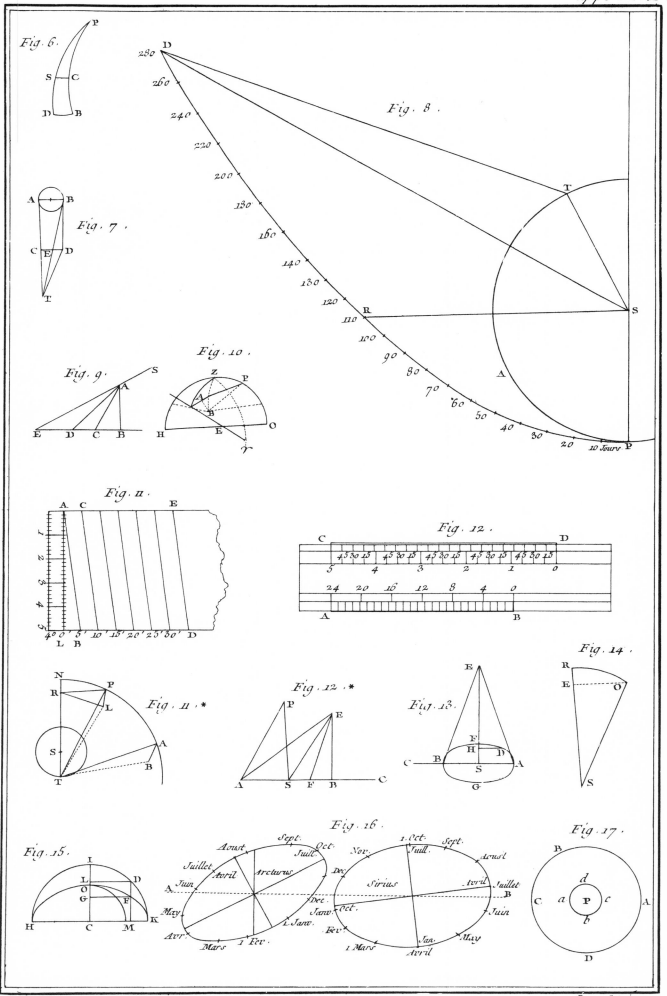

*Fig. 6.*

*Fig. 7.*

*Fig. 8.*

*Fig. 9.*

*Fig. 10.*

*Fig. 11.*

*Fig. 12.*

*Fig. 11.* \*

*Fig. 12.* \*

*Fig. 13.*

*Fig. 14.*

*Fig. 15.*

*Fig. 16.*

*Fig. 17.*

Benard Direx.

*Astronomie.*

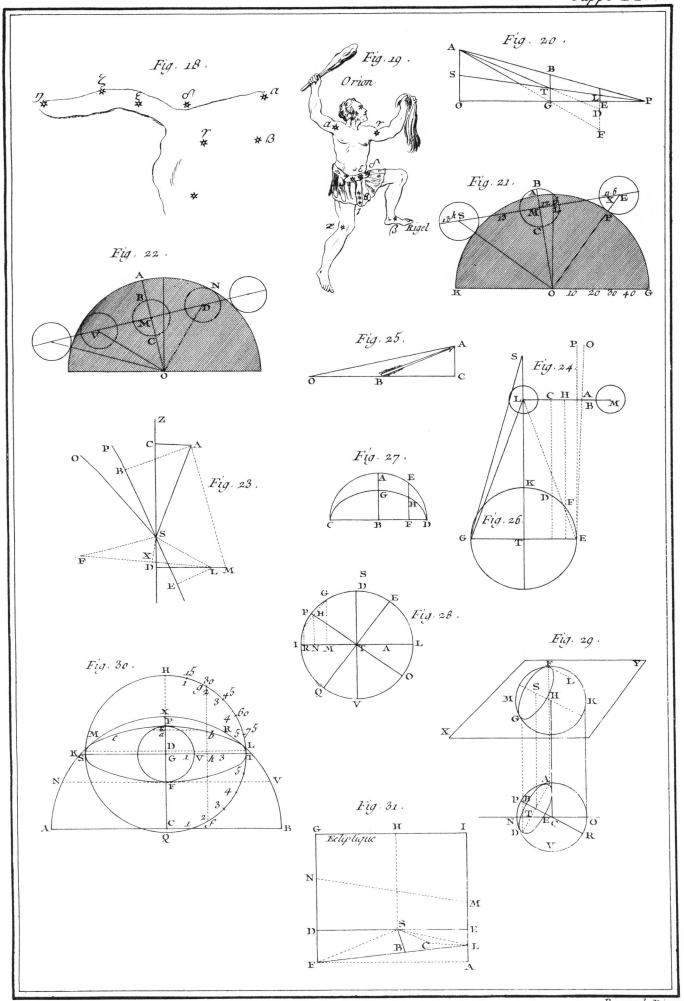

Fig. 18.

Fig. 19.
Orion

Fig. 20.

Fig. 21.

Fig. 22.

Fig. 25.

Fig. 24.

Fig. 23.

Fig. 27.

Fig. 26.

Fig. 28.

Fig. 29.

Fig. 30.

Fig. 31.
Ecliptique

Benard Direx.

Astronomie.

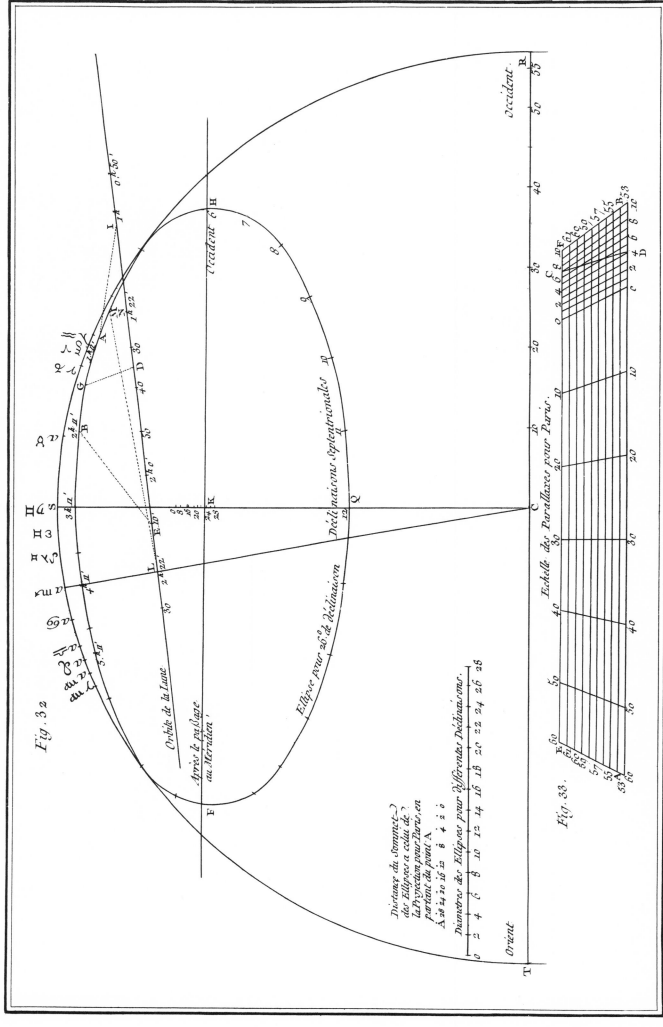

Astronomie

Fig. 32.

Orbite de la Lune

Après le passage au Méridien.

Occident. 6 H

Déclinaisons Septentrionales.

Ellipse pour 26°. de Déclinaison.

Distance du Sommet des Ellipses a celui de la Projection pour Paris, en partant du point A.
A 28 24 20 16 12 8 4 0

Diametres des Ellipses pour differentes Déclinaisons.
0  2  4  6  8  10  12  14  16  18  20  22  24  26  28

Orient

Occident

Échelle des Parallaxes pour Paris.

Fig. 33.

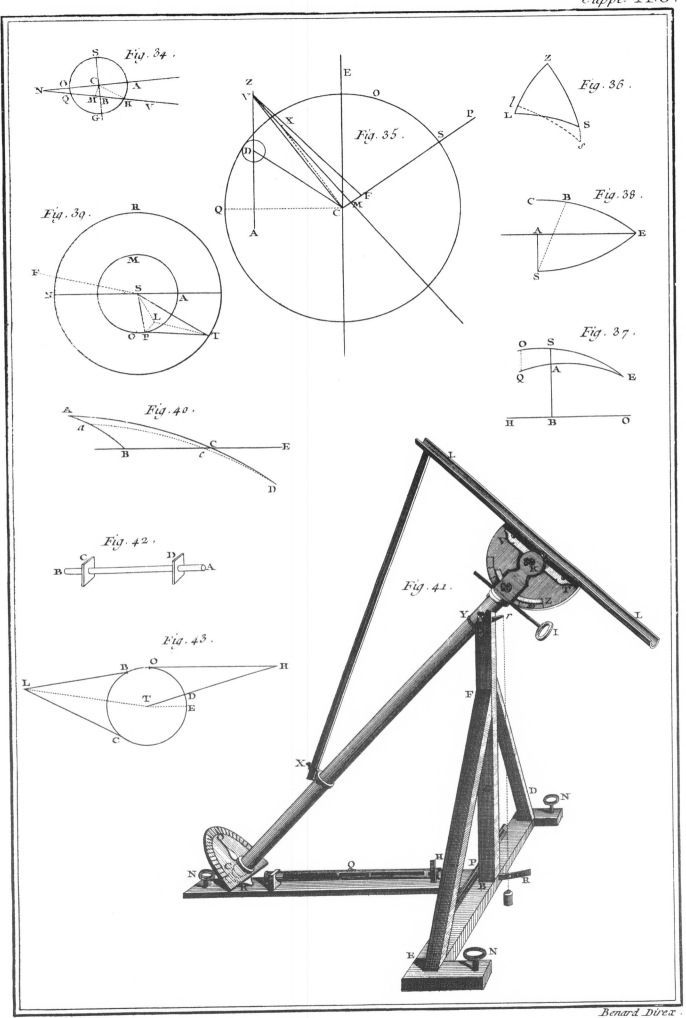

Fig. 34.

Fig. 35.

Fig. 36.

Fig. 39.

Fig. 38.

Fig. 37.

Fig. 40.

Fig. 42.

Fig. 41.

Fig. 43.

Benard Direx.

*Astronomie.*

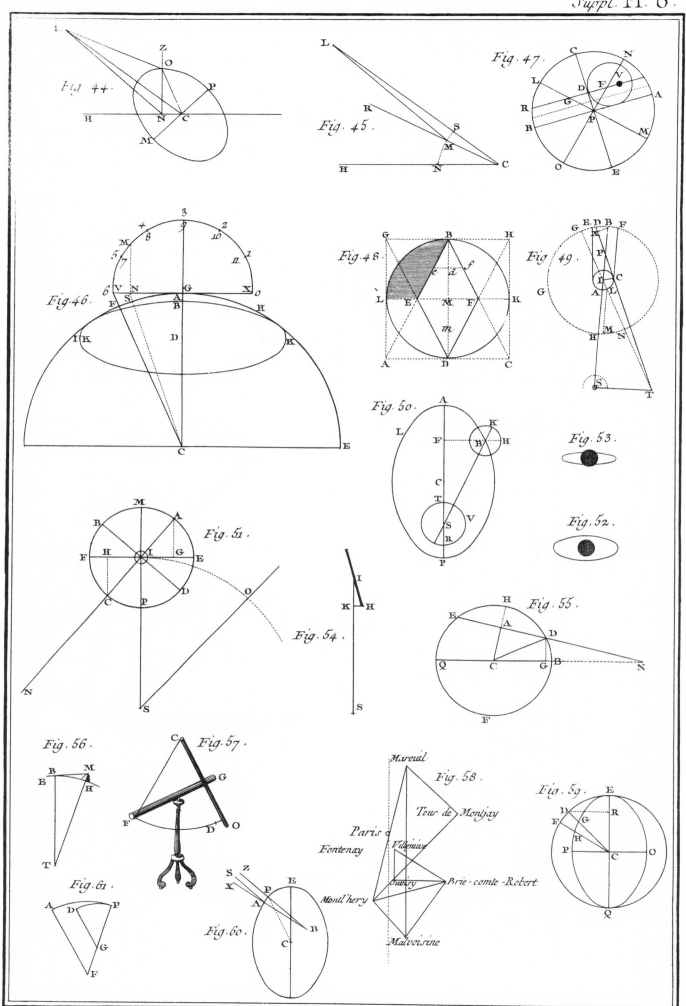

Astronomie.

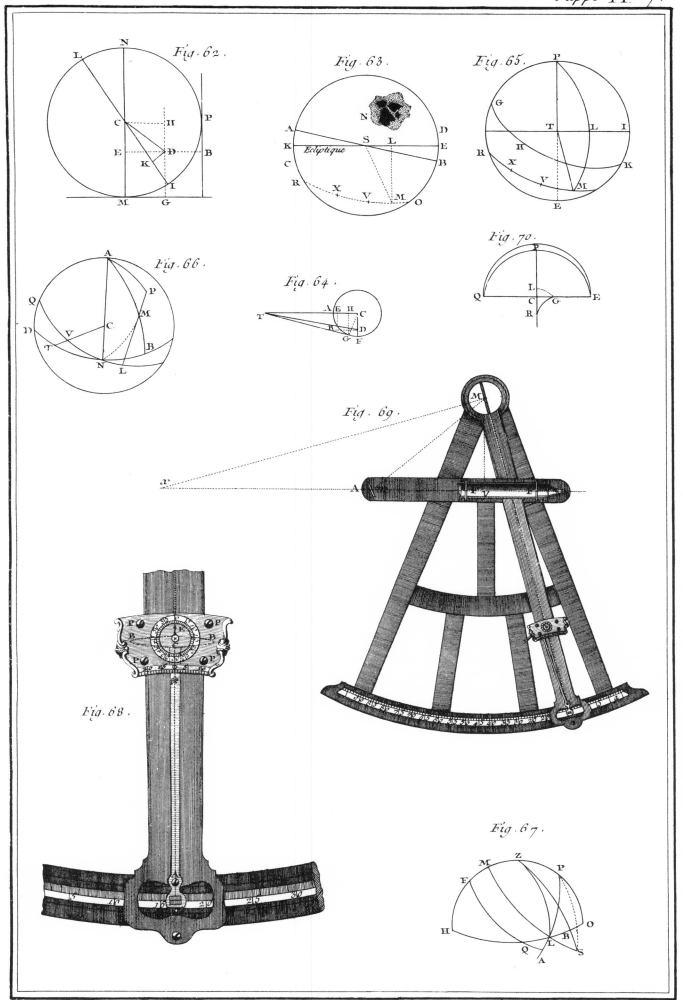

Fig. 62.

Fig. 63.

Fig. 65.

Fig. 66.

Fig. 64.

Fig. 70.

Fig. 69.

Fig. 68.

Fig. 67.

Ecliptique

# Astronomie.

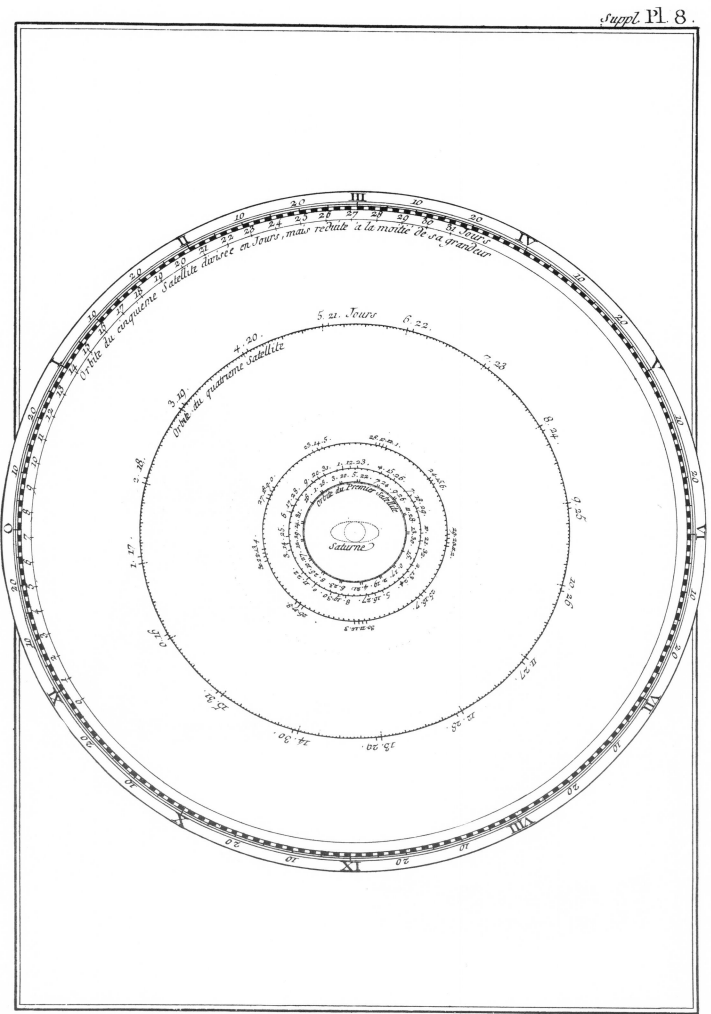

Astronomie.

# GNOMONIQUE.

## PLANCHE Iere.

LEs *fig.* 1, 2, 3. ont rapport au *déclinateur*, ou instrument servant à mesurer la déclinaison des plans.

4, 5. aux *cadrans équinoxiaux.*
6. est un *cadran horisontal.*
7. *ajoutée*, a rapport à la construction des *cadrans verticaux.*
8. n°. 1, 2, 3, 4, 5. *ajoutées* à l'Encyclopédie Angloise, ont rapport au *trigone des signes.*
9. est un *cadran vertical* méridional.

## PLANCHE II.

*Fig.* 10. est un *cadran septentrional* vertical.
11. un *cadran oriental.*
12 & 13. un *cadran polaire.*
14. un *cadran à plusieurs faces.*
15. *ajoutée* à l'Encyclopédie Angloise, a rapport à la construction des *cadrans.*
16. a rapport aux *cadrans verticaux déclinans.*
17. aux *cadrans inclinés.*
18. est un *cadran méchanique universel.*
19. est un *cadran lunaire.*
20. est un autre *cadran lunaire.*
21. *ajoutée*, est un *cadran aux étoiles.*
22. est un *anneau astronomique.*

# Supplément

### Sept Planches.

Les figures des Planches I. II. III. IV. V. & VI. sont suffisamment expliquées dans les articles auxquels elles se rapportent.

## PLANCHE VII.

*Fig.* 1. Instrument qui montre les heures du jour, & l'élévation du soleil au-dessus de l'horizon pour telle latitude que ce soit. A B, plaque de cuivre sur laquelle est gravé un cadran rectiligne. C D E, quart de cercle divisé en dégrés & en minutes par des transversales. E D F, regle de cuivre mobile à laquelle il est attaché, & par le moyen de laquelle on le place sur tel dégré de latitude qu'on veut. A M, A K, rainures. G, H, deux vis qui servent à l'arrêter. S T, alidade. R, grain de chapelet qui coule le long du fil. V, coulant. X, Y, pinnules.

*Fig.* 2, représente un cadran horizontal, dont la construction est très-simple & très-aisée, comme on peut le voir à l'article où il en est parlé.

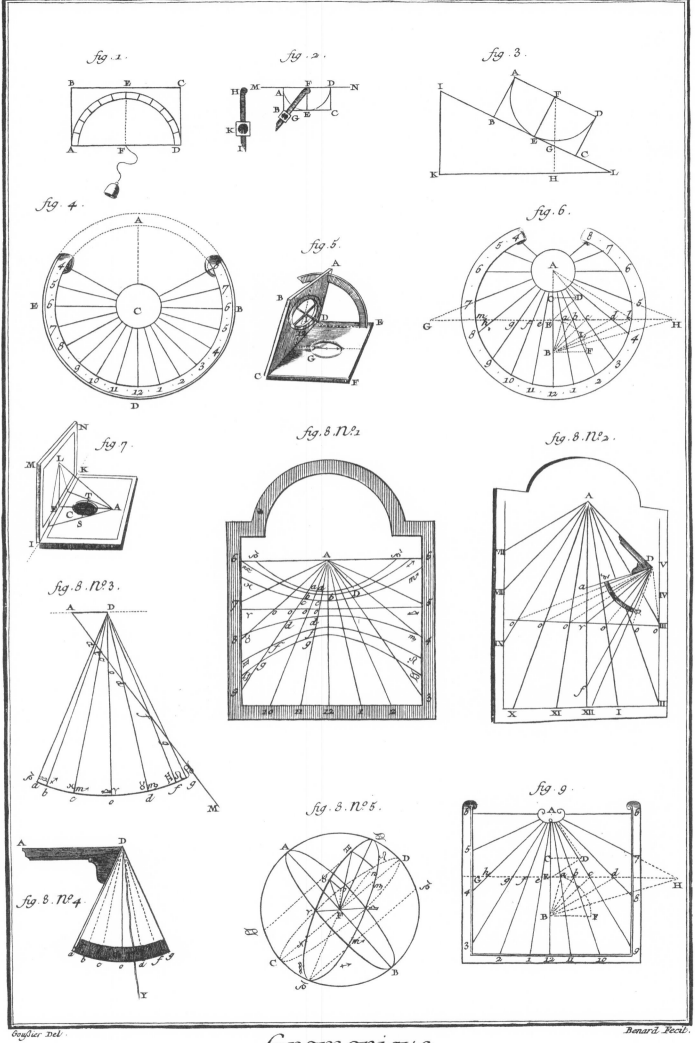

Pl. I.

fig. 1.  fig. 2.  fig. 3.

fig. 4.  fig. 5.  fig. 6.

fig. 7.  fig. 8. Nᵒ. 1.  fig. 8. Nᵒ. 2.

fig. 8. Nᵒ. 3.

fig. 9.

fig. 8. Nᵒ. 4.  fig. 8. Nᵒ. 5.

Goußier Del.  Benard Fecit.

*Gnomonique.*

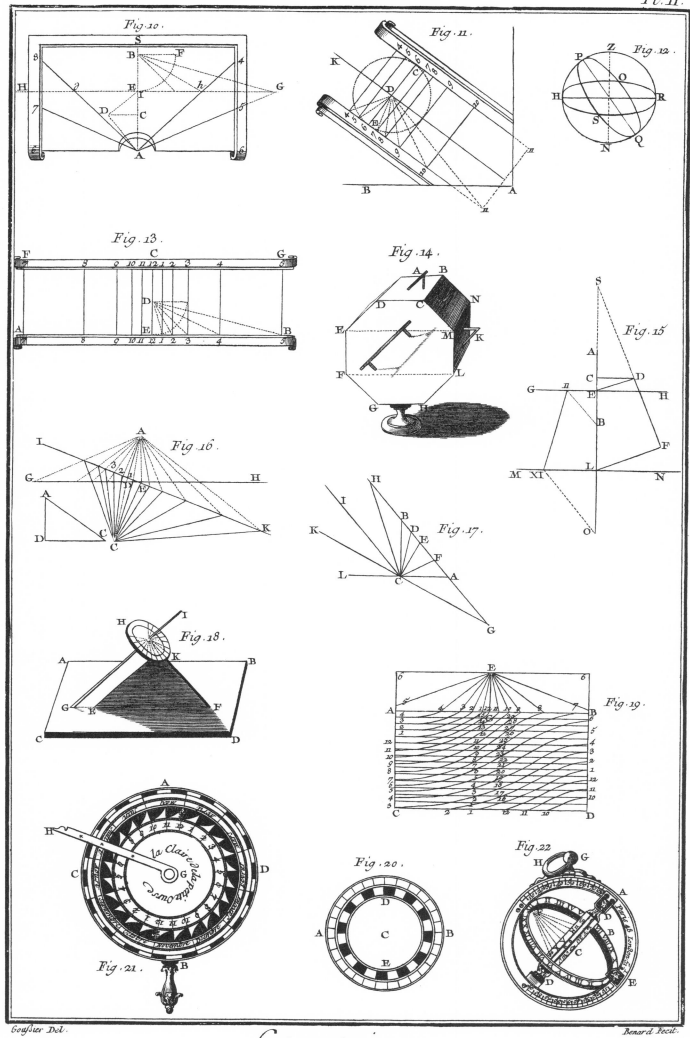

Pl. II.

Fig. 10.

Fig. 11.

Fig. 12.

Fig. 13.

Fig. 14.

Fig. 15.

Fig. 16.

Fig. 17.

Fig. 18.

Fig. 19.

la Claire de la petite Ourse

Fig. 20.

Fig. 21.

Fig. 22.

Goussier Del.

Benard Fecit.

Gnomonique.

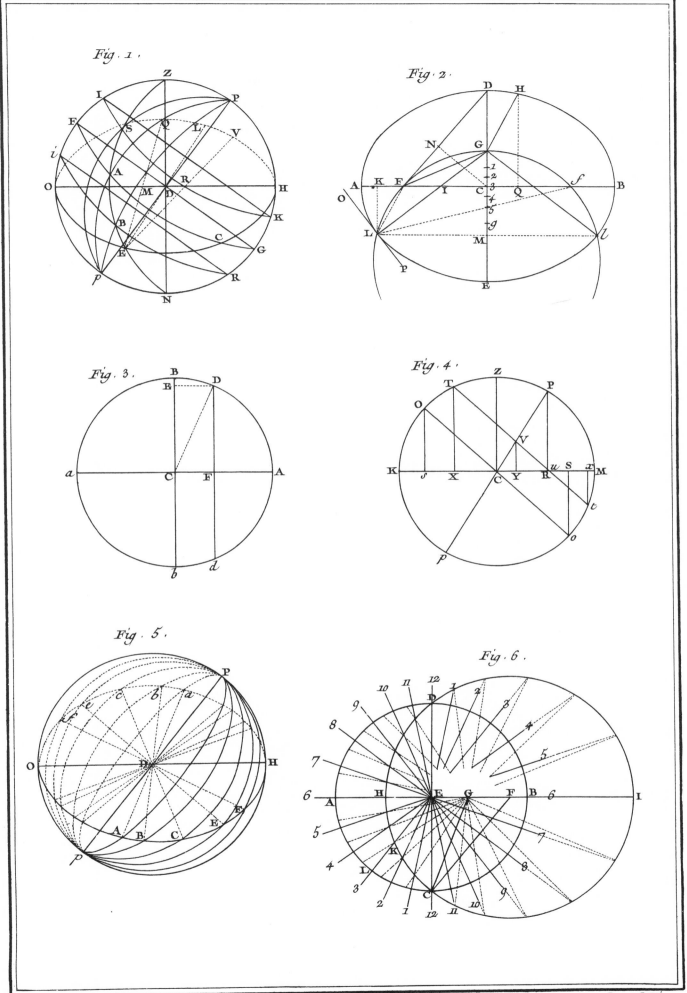

Fig. 1.

Fig. 2.

Fig. 3.

Fig. 4.

Fig. 5.

Fig. 6.

Benard Direx.

Gnomonique.

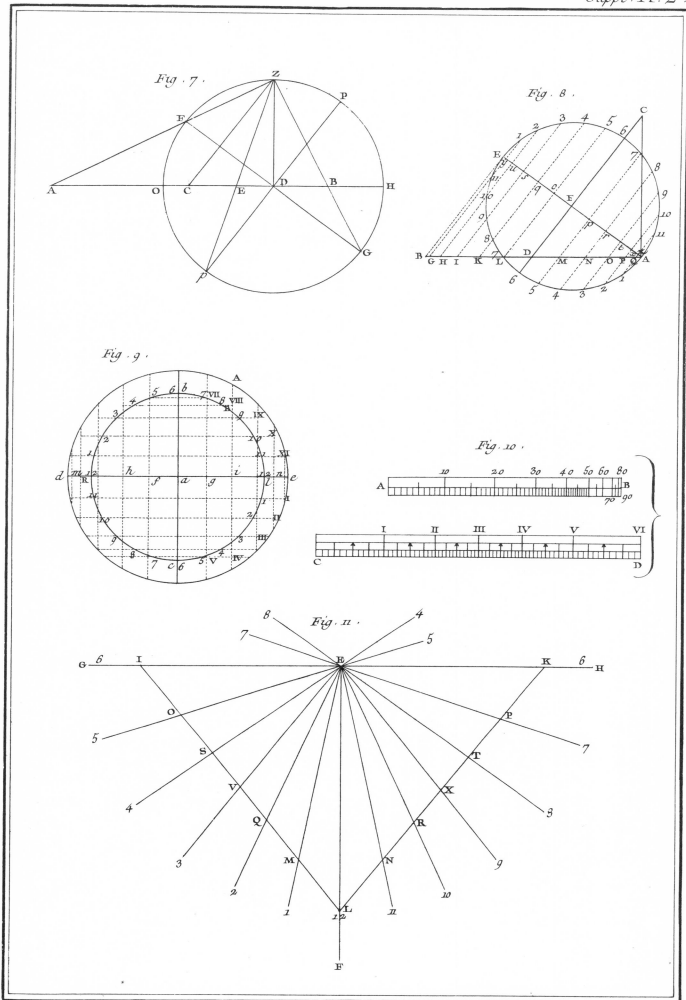

# *Gnomonique.*

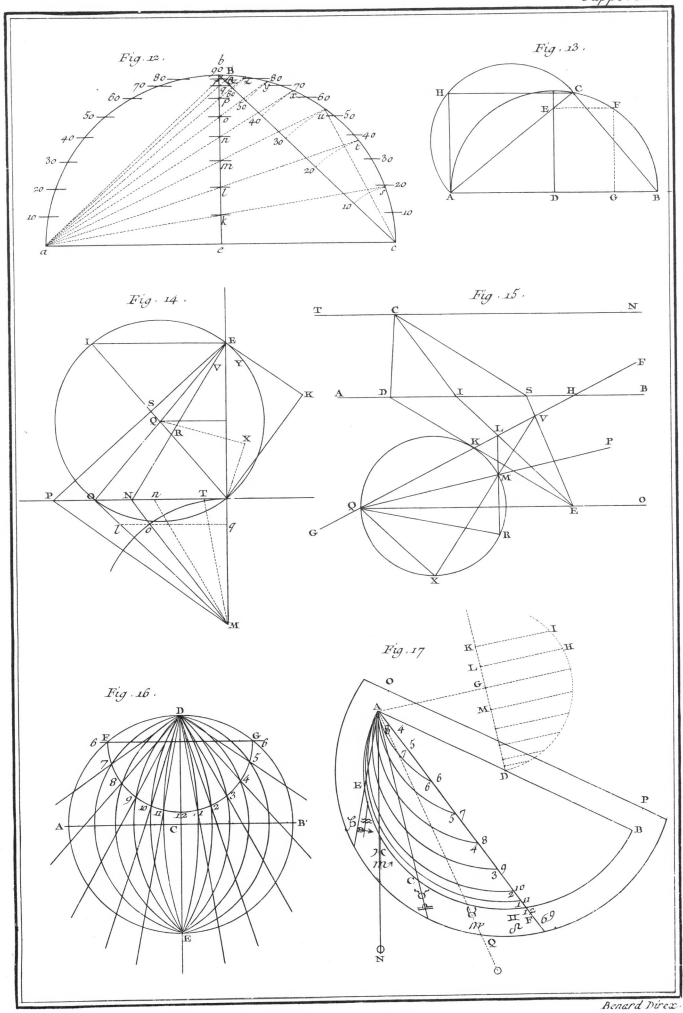

Fig. 12.

Fig. 13.

Fig. 14.

Fig. 15.

Fig. 16.

Fig. 17.

Benard Direx.

Gnomonique

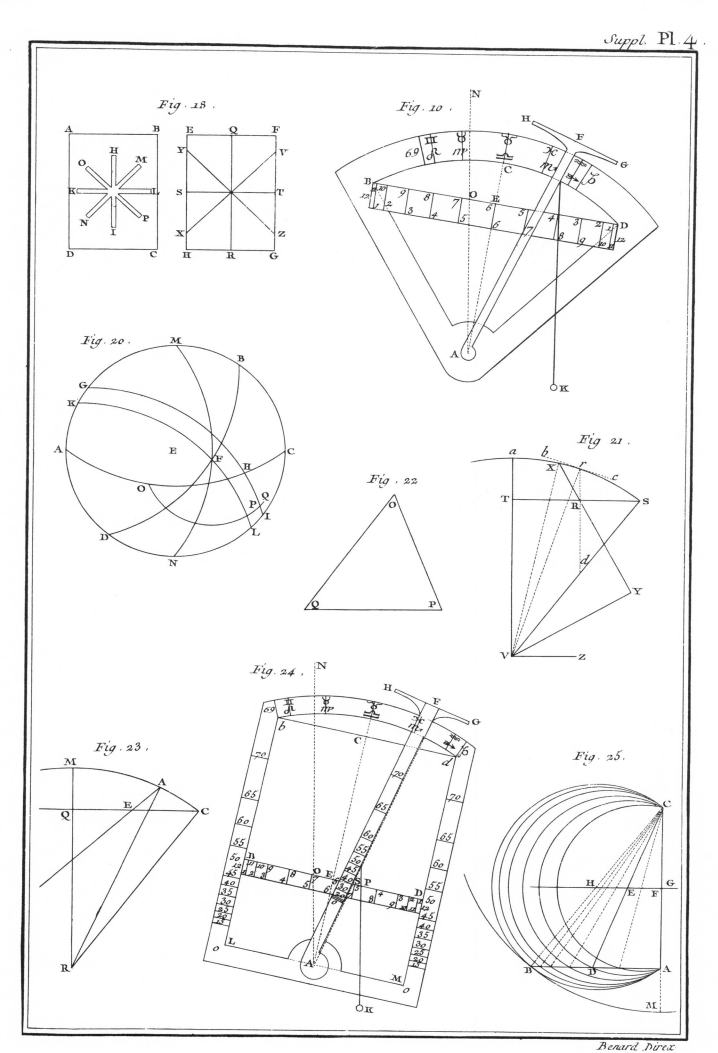

*Gnomonique.*

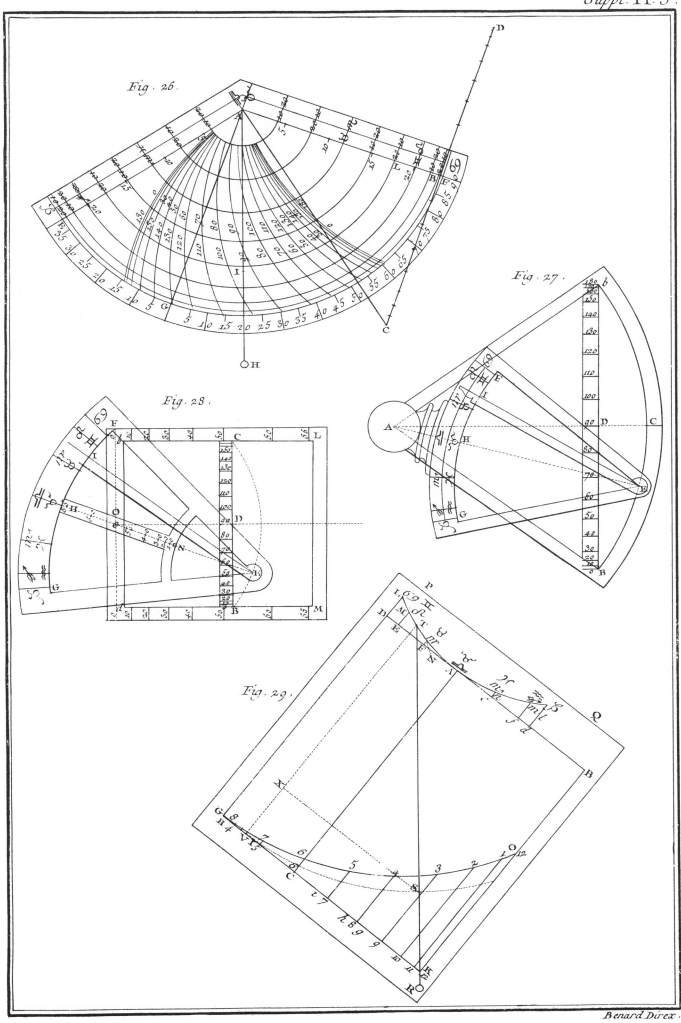

Fig. 26.

Fig. 27.

Fig. 28.

Fig. 29.

Benard Direx.

Gnomonique

Fig. 2.

Fig. 1.

Fig. 6.

Fig. 3.

Nord

Fig. 5.

Fig. 4.

Occident

Orient

Fig. 9.

Fig. 7.

Fig. 8.

Fig. 10.

*Gnomonique*.

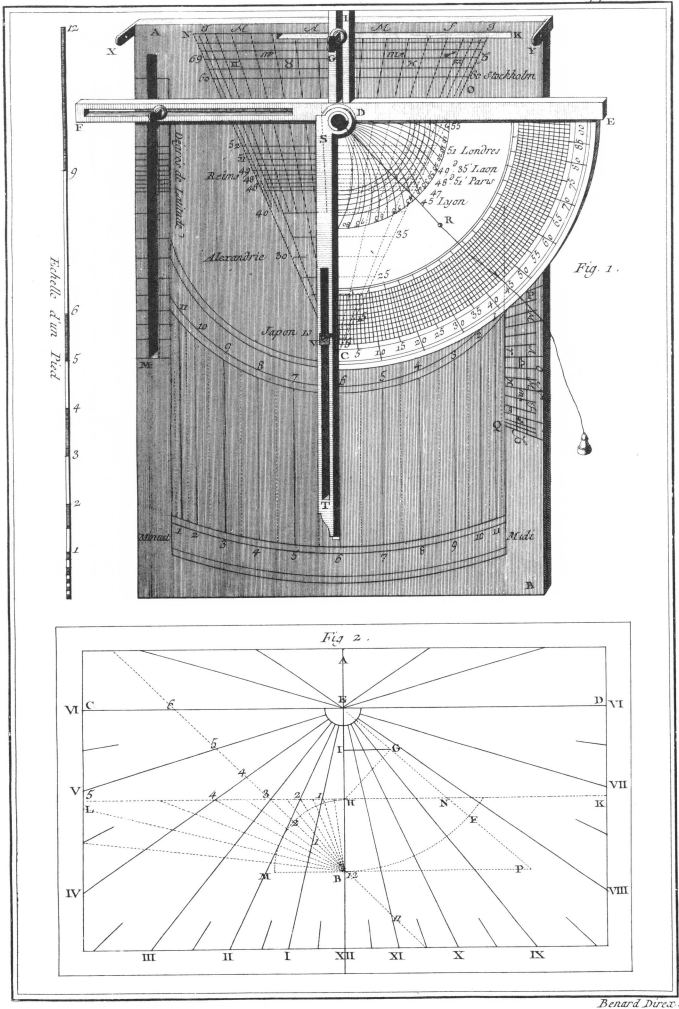

Fig. 1.

Echelle d'un Pied

Fig. 2.

Gnomonique.

Benard Direx.

## GÉOGRAPHIE. *3 Planches.*

LEs *fig.* 1. & 2. n°. 2. qui font ajoutées à l'Encyclopédie Angloise, ont rapport à l'*abaissement de l'horison visible.*

2, 3, 3 n°. 2, 3 n°. 4, 4. ont rapport à la construction & à l'usage des cartes & mappemondes.

4. n°. 2. a rapport à la maniere de mesurer les *distances inaccessibles.*

5. à la maniere de trouver la *latitude.*

6. au *flux & reflux* de la mer.

7. au méridien & aux autres cercles de la sphere.

8. à l'*horison.*

9. à la *hauteur* des objets au-dessus de l'horison.

10 & 11. à l'usage & à la construction des cartes particulieres. Ces deux figures sont ajoutées, & tirées de la Géographie de Wolf.

### PLANCHE Iere.

*Construction géométrique des Globes.*

*Fig.* 1, 2, 3, 4, 5 & 6. Démonstration de la maniere de tracer les fuseaux, l'écliptique, les tropiques, les eercles polaires, & les paralleles. *Voyez* l'article GLOBES, pag. 707, 708, Tome VII. de l'Encyclopédie.

### PLANCHE II.

*Construction méchanique des Globes.*

*Fig.* 1. Demi-fuseau ou patron, il est de cuivre.

2. Forme ou démi-boule de bois, pour monter les fuseaux de carton que l'on a coupés conformément au patron précédent.

3. Calibre ou tour dans lequel on arrondit les plâtres qui recouvrent les fuseaux de carton dont le globe est formé.

4. Cisailles pour couper le carton en fuseaux, conformément au patron, *fig.* 1.

5. Coupe d'un globe pour faire voir comment les trois couches de fuseaux qui composent le globe le recouvrent plein sur joint.

6. Axe de bois que l'on place dans le globe.

7. Globe terrestre entierement achevé & monté sur son pié orné de sculpture.

8. Profil d'une partie de l'horison fixe, dans lequel tourne l'horison mobile qui porte le méridien dans lequel le globe est monté, ensorte que l'on peut tourner le globe sans déranger son pié.

9. Construction de la roulette qui porte le méridien. Cette roulette qui est placée au centre du pié, peut tourner horisontalement pour suivre le mouvement du méridien, lorsqu'on fait tourner l'horison mobile du globe, & elle tourne sur son propre centre, lorsqu'on éleve ou que l'on abaisse l'axe.

# Supplément

## *Dix Planches doubles équivalentes à vingt.*

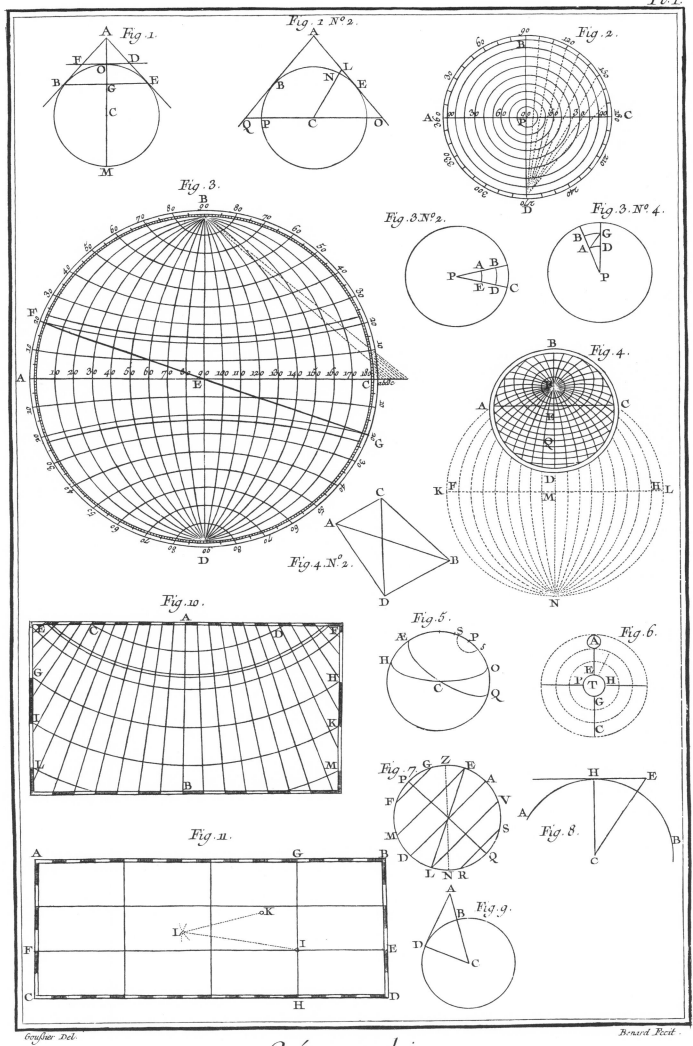

Pl. I.

Fig. 1.

Fig. 1 Nº 2.

Fig. 2.

Fig. 3.

Fig. 3 Nº 2.

Fig. 3 Nº 4.

Fig. 4.

Fig. 4 Nº 2.

Fig. 10.

Fig. 5.

Fig. 6.

Fig. 11.

Fig. 7.

Fig. 8.

Fig. 9.

Goussier Del.

Benard Fecit.

*Géographie.*

Pl. 1.

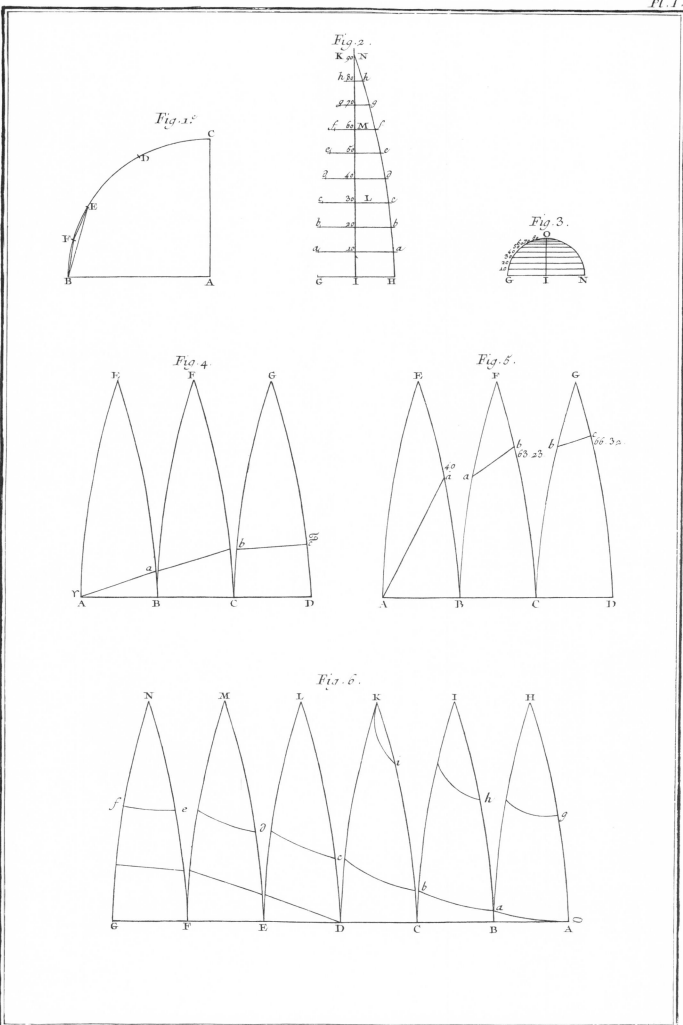

Fig. 1.

Fig. 2.

Fig. 3.

Fig. 4.

Fig. 5.

Fig. 6.

Goussier Del.

Benard Fecit

*Géographie*, Construction Géometrique des Globes.

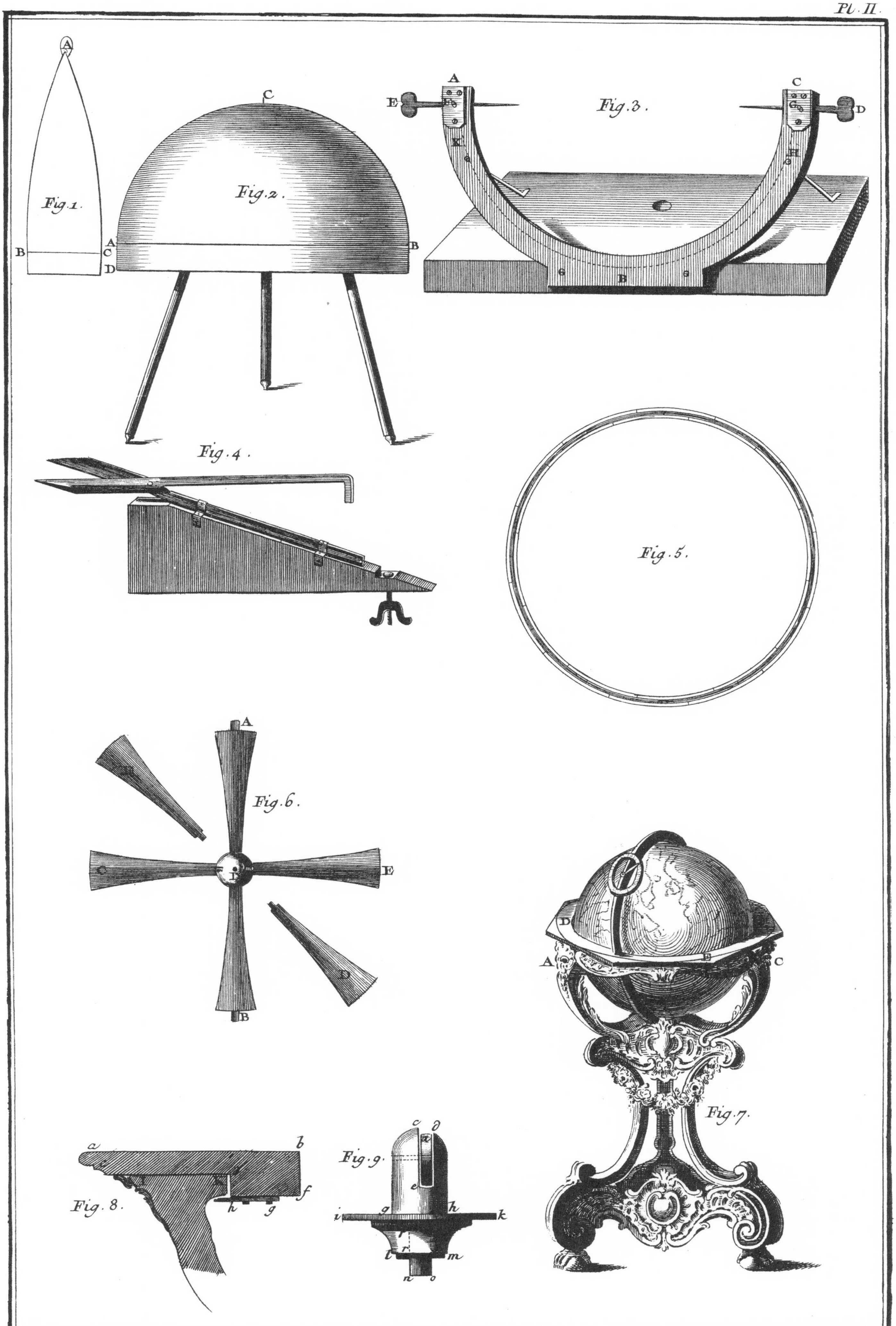

Pl. II.

Fig. 1.

Fig. 2.

Fig. 3.

Fig. 4.

Fig. 5.

Fig. 6.

Fig. 7.

Fig. 8.

Fig. 9.

Goussier Del.

Benard Fecit.

*Géographie*, *construction Méchanique des Globes.*

Septentrion

Orient

Occident

Midi

CARTE des parties nord et ouest de L'AMÉRIQUE
dressée d'après les relations les plus authentiques
par M.** en 1764.
Nouvelle édition réduite par M. de Vaugondy
en 1772.

MER DU NORD

MER DU SUD

MER DU NORD

GROENLAND

Dét. de Davis

BAYE DE BAFFIN

Cumberland

Det. de Hudson

Detroit d'Hudson

LABRADOR

Pays des Esquimaux

BAYE D'HUDSON

James Bay

G. S. Laurent

FLORIDE

GOLPHE DU MÉXIQUE

LOUISIANE

MÉXIQUE

NOUVELLE NAVARRE

CALIFORNIE

NAVACHE APACHE

GRAND QUIVIRA

GRAND TEGUAYO

TOLM

Alliés des Sioux

SIOUX

Assinipoels

Assinipoels

Assinipoels

Cristinaux

Cristinaux

Conibas

Lac des Conibas

BERGI Regio

ANIAN

Rio de los Estrechos

R. Grande Corrientes

Detroit d'Anian

Penschinskoy

Anadir

Nation des Plats Côtés des chiens

Mississipi

Mer Vermeille

C. Farewel

C. Blanco

★ Ville des Tahuglauks selon la relation
du Baron de la Hontan, et qui peut avoir été
prise par quelques Géographes modernes pour
Quivira, à laquelle ils donnent la même position
sur la prétendue Mer de l'Ouest.

Septention

Orient

Midi

Occident

ANIAN

Detroit d'Anian

KAMSCHATKA

MER D'AMUR

NIPON ou l'ISLE DU JAPON

JESSO

TARTARIE CHINOISE

C. de Corée

LEAOTONG

Peking

CHINE

MER GLACIALE

SIBÉRIE ou RUSSIE ASIATIQUE septentrion.

Ces Mr. Ozachar tirés d'Acosta.

MER DE TARTARIE

SPITSBERG

NOUVELLE ZEMBLE

S. Petersbourg

Stockholm

NORWEGE

SUEDE

EUROPE

MER BALTIQUE

**CARTE**
des parties Nord et est de L'ASIE
qui comprend
*LES CÔTES DE LA RUSSIE ASIATIQUE*
*LE KAMSCHATKA, LE JESSO, ET LES ISLES DU JAPON*
dressée en 1764 par M.***
Nouvelle édition réduite par M. De Vaugondy
1772.

III. Région des Cimbas et pays voisins
IV. Extrémités de la partie occidentale de la Californie.

I. Partie Nord-ouest de l'Amérique.
II. Nouvelle Grenade.

I

II

NOVA GRANADA

MER VERMEILLE

III

TOLM REGNUM

NICARAGUA

NOVA GRANATA

IV

ANIAN REGNUM

Bergi regio

QUIVIRA REGNUM

TOLM REGNUM

Ces quatre Supplémens ont rapport à la Carte de l'Amérique indiquée 1re.

Septentrion

Orient

Midi

Occidation

NOUVELLE REPRÉSENTATION
DES CÔTES Nord et Est DE L'ASIE,
pour servir d'éclaircissement aux Articles
du Supplement de l'Encyclopédie qui
concernent le Passage aux Indes par le Nord.
Gravée sous la direction de M.r de Vaugondy
en 1772.

Remarques

Le supplément N.I. représente les premières idées que l'on a eu des côtes septentrionales de l'Asie, et du Kamtchatka, c'est le sujet de la carte qui se trouve dans
l'histoire des Tartares d'Abulghazi-Bayadur-Chan, traduite et publiée à Leyde en
1726.
Le supplément N.II. est la réduction d'une Carte, publiée à Nuremberg, que l'on a
assujettie à une graduation, et dans laquelle les connoissances antérieures du Kamtschatka, paroissent être réduites à des dimensions plus approchantes de celles
qu'on leur a attribuées jusqu'à présent.

AMERIQUE

ASIE

KAMSCHATKA

Mer d'Anur

TARTARIE CHINOISE

CHINE

CORÉE

LEAO

Peking

Nanking

Nung

EMPIRE DU JAPON

MER GLACIALE

SIBERIE

MER GLACIALE

Jakutsk

Lena

Olekma

Indigirka

Tania

Kowyma

Chatanga

Taimura

Jenisei

Obij fl.

Oby fl.

Nouvelle Zemle

Nouvelle Terre

Gulfe de Tas

MER DE RUSSIE

Spitzberg

Archipel Arctique

C. du Nord

M.Bla...

NORWÈGE

SUÈDE

Cercle polaire

Stokholm

S.Petersbourg

EUROPE

MER BALTIQUE

N.° I.

MER DE KAMTCHATKA

Izchalatzki

Tzurski

Olutorski

Bolschoi R.

Cap Roz

Corée

Peking

OCEAN SEPTENTRIONAL N.° II.

d'Amur

Kurili

Mer
de Lama
ou
de Pensinskoi

Ochota fl.

Nipon

Amur fl.

Septentrion

Orient

Midi

Occident

**Main inset map (upper):**

ASIA

Estrecho de Anian

Bergi regio

Circulus Polaris arcticus

ANIAN REGNUM

Agama

QUIVIRA REGNUM

MEXICANA

C. Blanco

B. H. Hermosa

Tierra Redonda

C. de Fortuna

C. de Corrientes

B. del Plata

B. Hermosa

P. Hermoso

C. de S. Francisco

C. Rogo

Tierra de los Fumos

C. Blanco

Septem Civitates

Cevola

Marata

Quivira

Tontonteac

Axa

NOVA

Tontonteac Regnum Cevola

Toim Regnum

Sierra Nevada

NOVA ALBION

Sierra Nevada

Tropicus Cancri

MAR DEL ZUR

MARE VERMEL

Marata Graxlan Astuada

Mar de Cortes

B. de S. Lucas

Tropicus Cancri

I. de Pazaros

California

C. de S. Thomas

P. de S. Pedro

**Lower-left inset:**

ASIA

Streto di Anian

ANIAN REGNUM

QUIVIRA REGNUM

C. Mendocino

C. Blanco

Costa de los Tuchaios

Terra de Mendocino

Costa Brava

**Avertissement.**

La réduction sur plus grande échelle est faite d'après
l'Amérique en 4.f. de Vischer, que l'on pourroit dat-
ter de 1612 étant assez conforme à celle de Mercator
avec quelque correction ; le Cap Mendocino y trouvant
vers 42.ᵈ de latitude au lieu de près de 80.ᵈ oùon la dermi-
ere, et lui donnant 8 degrés de moins en longitude.
La réduction sur plus petite échelle, en forme de Supplement est tirée de la grande mappemonde plate de
Pierre Plancius publiée par Piscator (le mêmeque Vischer)
et datée à Louis 28 en 1641.

**Cartouche:**

CARTE
DE LA CALIFORNIE
ET DES PAYS NORD-OUEST
séparés de l'ASIE par
le détroit d'Anian,
extraite de deux cartes publiées
au commencement du 17.ᵉ Siecle
Par le S.ʳ ROBERT DE VAUGONDY Geog. ord. du Roi
du feu Roi de Pologne Duc de Lorraine et de Bar
et de l'Academie royale des Sciences et Belles-lettres
de Nanci, et Censeur royal 1772.

Lieues Marines de 20 au degré.

(1) en cet endroit doit être le Port
de Monterey en 1602.
(2) le C. Blanc en 1603.

**CARTE DE LA CALIFORNIE**
Suivant

I la Carte manuscrite de l'Amérique de Mathieu
Néron Pecci olen dressée à Florence en 1604.
II Sanson 1656.
III De l'Isle Amérique Sept. 1700.
IV le Père Kino, Jesuit en 1705.
V la Société des Jesuites en 1767.
La côte orientale depuis le C. des Vierges, jusqu'à l'embouchure du R. Colorado est extrait de la carte du P. Ferdinand Consag dressée en 1746.

CARTE DES NOUVELLES DÉCOUVERTES
dressée par Phil. Buache P.r Géogr.e du Roi
présentée à l'Acad.e des Sciences le 9 Avril 1762
et approuvée dans son assemblée
du 6 Septembre suivant.

Extrait d'une Carte Japonoise
de l'Univers
apportée en Europe par Kæmpfer
et déposée dans le cabinet de
feu M.r Han-Sloane
président de la société
royale de Londres

AVERTISSEMENT

On voit dans cette Carte un mélange des idées Géographiques des Japonnois et des Chinois
avec les connoissances que les Européens leur ont porté. Ainsi comprend t'elle plusieurs Noms
Chinois que l'on a pensé devoir marquer ici. Comme la partie la plus Orientale de l'ASIE au Nord
du Japon n'est point fermée de ce PAIS sur une autre Carte Manuscrite qu'il a eu dans le Palais
que Kæmpfer s'est formée de ce PAIS on a supposée ou expliquant par des points, l'idée
de l'Empereur du Japon
Les Noms de Pais ou de Rivieres precedées d'une Etoile ont été ajoutées pour aider à la
Comparaison.

EXTRAIT de KÆMPFER

Sur les PAÏS que les Japonnois marquent sur leurs Cartes au Nord du JAPON Liv. {V. Ch. 14. / L. Ch. 14.}
Audelà de Jesogasima (ou l'Isle de Jeso) est un PAÏS deux fois grand comme la CHINE,
divisé en (cinq) différentes Provinces (Les Japonnois l'appellent Oku-Jeso ou le Haut-Jeso) un
tiers de son etenduë va audelà du Cercle Polaire, et court à l'Est beaucoup plus loin que les Côtes
Orientales du JAPON. Ce PAIS a un grand Golfe, sur le rivage Oriental vis-a-vis de l'AMERIQUE.
Et ce Golfe est à peu près de forme quarrée. Il n'y avoit qu'un Passage entre le PAIS dont je
parle et l'AMERIQUE, dans lequel il y a une petite Isle, et audelà tirant au Nord, une autre Isle
Longue qui touche presque de ses deux extremités opposées les deux CONTINENTS, sçavoir,
celui de Jeso (ou Oku Jeso) à l'Ouest et celui de l'AMERIQUE à l'Est, et formant quasi de cette
maniere le Passage au Nord.

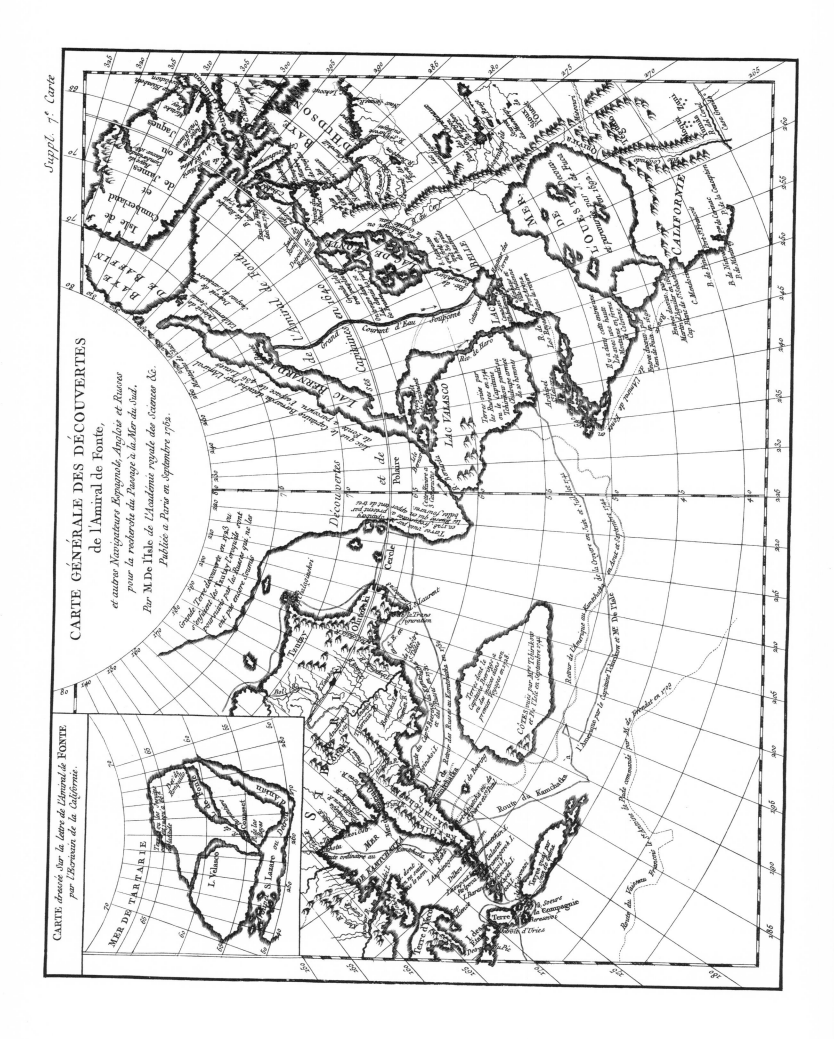

CARTE GÉNÉRALE DES DÉCOUVERTES
de l'Amiral de Fonte,

et autres Navigateurs Espagnols, Anglois et Russes
pour la recherche du Passage à la Mer du Sud.

Par M. De l'Isle de l'Académie royale des Sciences &c.
Publiée a Paris en Septembre 1752.

CARTE dressée sur la lettre de l'Amiral de FONTE
par l'Ecrivain de la Californie.

Orient

Septentrion

Midi

Occident

MER DE TARTARIE

MÉR DE TARTARIE

DÉTROIT DE DAVIS

GROENLAND

BAYE DE BAFFIN

LABRADOR

BAYE DE HUDSON

AMÉRIQUE SEPTENTRIONALE

Partie Noire est de la MER DE TARTARIE

Indiqué par les JAPONOIS

NATION DES PIGMÉES

Cercle polaire arctique

DÉTROIT DE BERING

SIBERIE

MER D'OCHOTSKOY

KAMTSCHATKA

Isles Kuriles

MER DE KAMTSCHADALESA

Indiqué par les

TERRES découvertes par les RUSSES en 1741

PARTIE SEPTENTRIONALE DE LA MER DU SUD

CARTE GÉNÉRALE
DES DÉCOUVERTES DE
L'AMIRAL DE FONTE
representant
la grande probabilité d'un
PASSAGE AU NORD OUEST
PAR
Thomas Jefferys
Géographe du Roi
à Londres 1768.

ECHELLE de Lieuse marines de 20 au degré

REMARQUES
A Découvertes des Russes
B Déc.te de l'Amiral de Fonte
C Détroit de Jean de Fuca
D partie copiée la Carte
Japonoise

Cette Carte a été traduite par M. de Vaugondy et gravée à Paris en 1772.

CARTE, qui représente les différentes connaissances que l'on a eues des TERRES ARCTIQUES depuis 1660 jusqu'en 1747 ausquelles il faut comparer la Carte suivante C.te w Par M. De Vaugondy 1775.

Selon Delisle en 1700

Selon Sanson en 1660

Selon Delisle en 1703

CARTE DE LA BAYE D'HUDSON parcourue en 1746 et 1747 par HENRI ELLIS pour la recherche du passage par le Nord-Ouest

PARTIE DE LA CARTE
du Capitaine Cluny
Auteur d'un ouvrage anglois intitulé
AMERICAN TRAVELLER
publié à Londres en 1769.

MER GLACIALE

PARTIE INCONNUE

Ici l'on n'a point trouvé de glace

Ici l'on a fait naufrage en 1746

Spits-berg

C. Nord          C. du Sud

Gaël Hamkes B.

I. Trinité

PARTIE INCONNUE

Nort C.          Long Nez

ISLANDE          C. Nord NW

GROENLAND

DÉTROIT DE DAVIS

C. Farewell

BAYE DE BAFFIN

Smith's Sound

James I.

DÉTROIT DE BAFFIN

I. Cumberland

Terre du passage Nord Ouest Quer Guillaume

l'on suppose ici le passage Nord Ouest

Cercle polaire arctique

Terre découverte par Gvosdew

Découvert par Bering en 1741

C. S. Elie

C. C. Horn-soone

KAMTSCHATKA

Tschuktschi

Koryal

Anadir R.

MER DU SUD

ASIE          MER D'...

AMERIQUE SEPTENTRIONALE

LABRADOR

B. D'HUDSON          James B.

Nouvelle Albion

CALIFORNIE

la Conception

G. du d'Mexique

FLORIDE

OCEAN ATLANTIQUE

NORWEGE          SUEDE

C. de Rodhus

Bergen          Stockholm

Hambourg

P. Foro

Shetland

Orcades

IRLANDE          GR. BRETAGNE

Londres

FRANCE          Paris

B. de Biscaye

ESPAGNE          MER MEDITERRANÉE

Gênes

Corse

PORTUGAL          Tunis          Alger

Lisbonne

Gibraltar

C. S. Vincent          C. Camus

C. Finisterre

AFRIQUE

I. Madère

I. Açores

F. Canaries

I. de Fer

Méridien de l'Isle de Fer.

Longitude orientale

Longitude occidentale

## ARPENTAGE ET NIVELLEMENT. *3 Planches.*

### PLANCHE Iere.

Toutes les Figures de cette Planche font tirées de l'Encyclopédie Angloife.

*Fig.* 1, 2, 3. ont rapport à l'ufage de la *chaîne* dans l'arpentage. V. *chaîne* dans l'Encyclopédie.

4. eft un *niveau d'air.*

4. nº. 2. & 3. ont rapport à l'article *compas de proportion.*

5. eft encore un *niveau d'air.*

5. nº. 2. a rapport aux *folides tronqués.*

6. repréfente différentes efpeces de *niveaux fimples.*

7. nº. 1. & 2. repréfentent le *niveau de Huyghens.*

8. un *niveau* à l'ufage de l'artillerie.

9. & 10. ont rapport au *nivellement.*

### PLANCHE II.

*Fig.* 11. nº. 2. 12. 13, 14, 17, 18. font ajoutées ou fubftituées à celles de l'Encyclopédie Angloife.

11. a rapport au *nivellement.*

11. nº. 2 & 12. à l'art de *lever les plans.*

13. & 14. repréfentent des *figures femblables.*

15. une *bouffole* à l'ufage des arpenteurs.

16, 17, 18. repréfentent le *cercle* ou *demi-cercle d'arpenteur*, ou *graphometre*, avec fes parties. La fig. 18. eft fon pié.

19. eft un *cercle d'arpenteur* avec une *rofe de bouffole.*

20, 21. ont rapport à l'art de *lever les plans* avec le *cercle d'arpenteur.*

22. eft un *niveau fimple*, tel que les ouvriers s'en fervent.

23. eft un *odometre* avec fes parties.

24. a rapport à la *mefure des furfaces* dans l'*arpentage.*

### PLANCHE III.

Toutes les Figures de cette Planche font tirées de l'Encyclopédie Angloife.

*Fig.* 25. & 25 nº. 2. repréfentent le *cercle d'arpenteur*, divifé & garni d'alidades & de lunettes.

26, 27, 28. ont rapport au *jaugeage.* La fig. 28. eft un *bâton de jauge.*

29. eft un *rapporteur.*

## NAVIGATION. *1 Planche.*

La *fig.* 1. & 1 nº. 2. ont rapport à l'*anneau aftronomique.* Elles font tirées de Bion, & ajoutées.

2. à l'*aftrolabe.*

3. à la *navigation.*

4. à la *navigation* & aux *cartes de Mercator.*

5. à la *navigation.*

6. au *quartier anglois.*

7 & 8. à la *loxodromie* ou *ligne de rhomb.*

9. ajoutée & tirée de Wolf, aux *cartes topographiques.*

10. aux *cartes planes.*

11. aux *cartes de Mercator.*

12, 13, 14. à l'*arbaleftrille.* Elles font ajoutées.

13. nº. 2. au *nocturlabe.*

15. au *compas azimuthal.*

16. aux *aiguilles* ou *bouffoles d'inclinaifon.*

17, 18, 19. tirées de Wolf & ajoutées, ont rapport aux *cartes de Mercator.*

20. à la *variation de l'aiguille aimantée.*

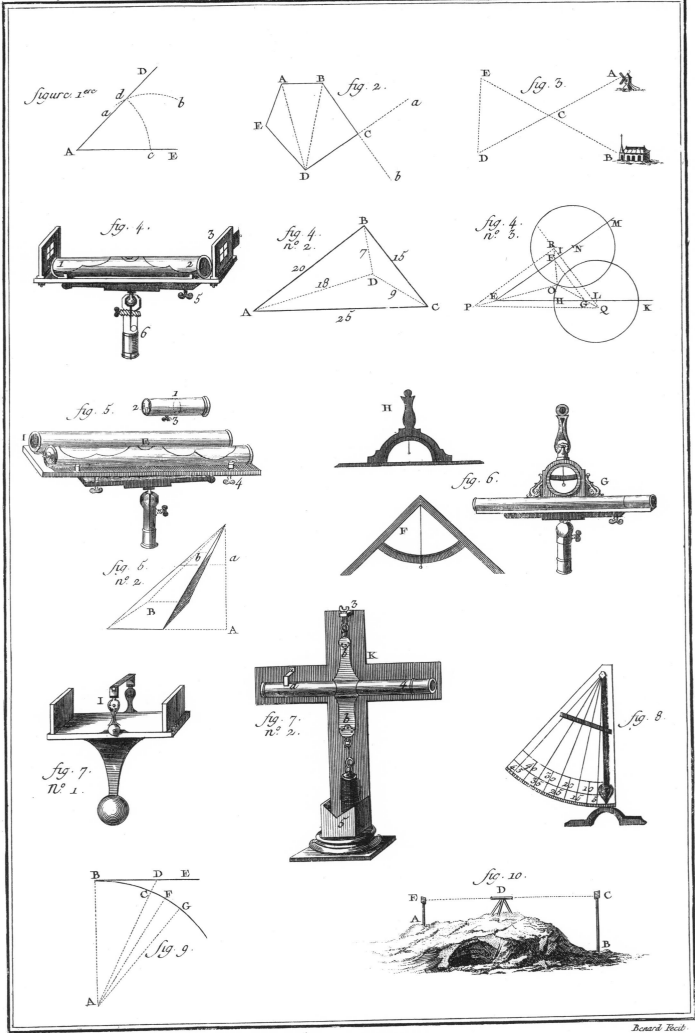

*Pl. I.*

*figure. 1.^{ere}*

*fig. 2.*

*fig. 3.*

*fig. 4.*

*fig. 4. n^{o}. 2.*

*fig. 4. n^{o}. 3.*

*fig. 5.*

*fig. 5. n^{o}. 2.*

*fig. 6.*

*fig. 7. n^{o}. 1.*

*fig. 7. n^{o}. 2.*

*fig. 8.*

*fig. 9.*

*fig. 10.*

Goussier Del.

Benard Fecit.

*Arpentage.*

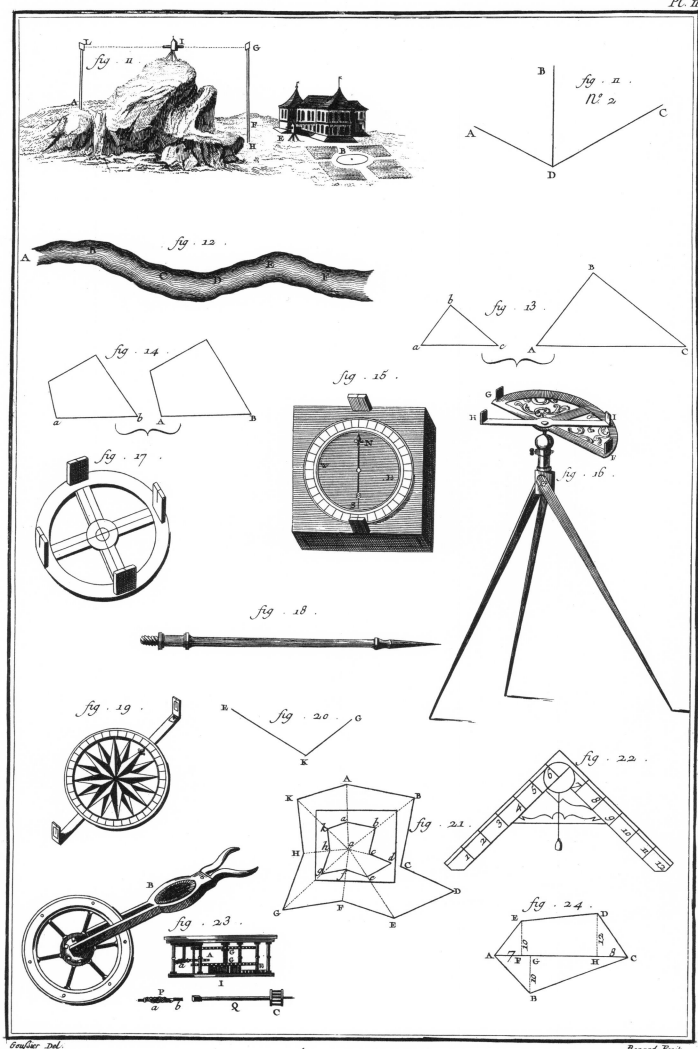

*Arpentage.*

Pl. II.

Pl. III.

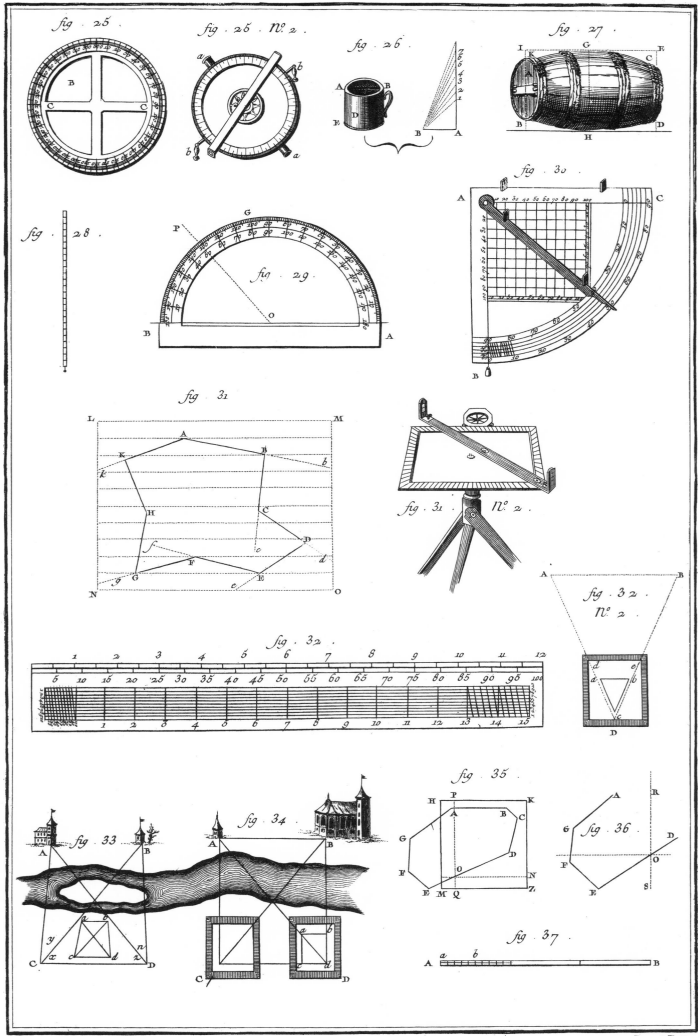

fig. 25.

fig. 26. N.º 2.

fig. 26.

fig. 27.

fig. 28.

fig. 29.

fig. 30.

fig. 31.

fig. 31. N.º 2.

fig. 32. N.º 2.

fig. 32.

fig. 33.

fig. 34.

fig. 35.

fig. 36.

fig. 37.

Goussier Del.

Benard Fecit.

*Arpentage.*

Pl. I.

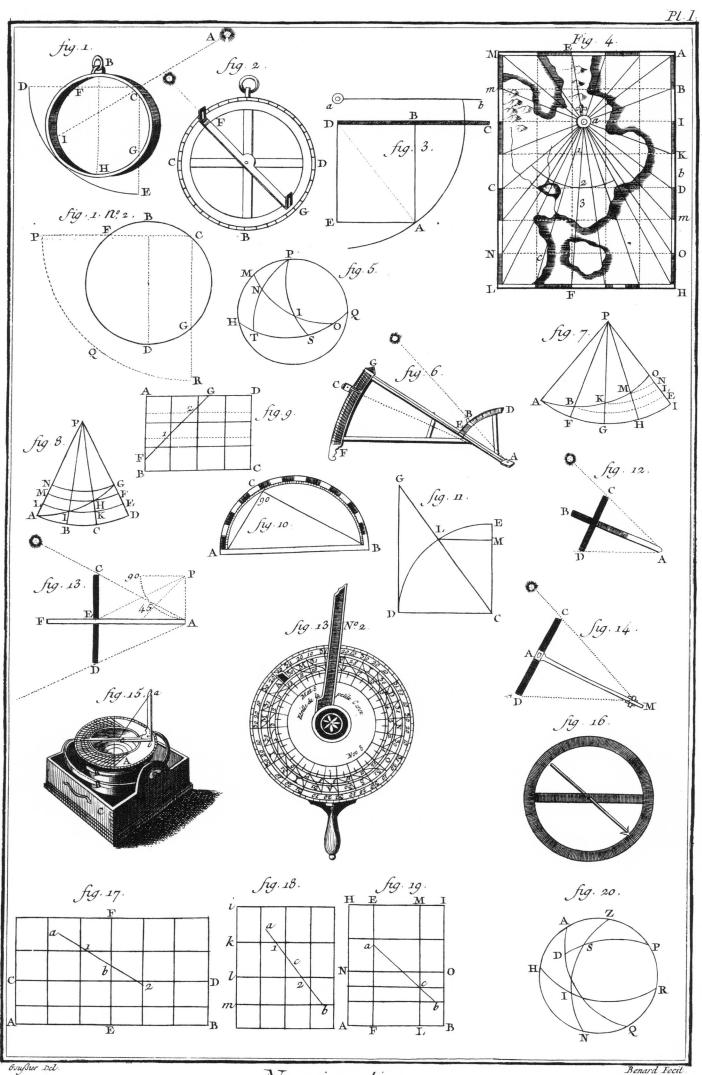

*Navigation.*

Achevé d'imprimer
par MAME Imprimeurs à Tours
Dépôt légal : septembre 2001 (N° 01052208)